一枚のシートが授業を変える！

小学校道徳科の指導&評価

豊かな心を育む一枚ポートフォリオ評価OPPA

堀　哲夫・中國昭彦【編著】

甲府市立千塚小学校【著】

東洋館出版社

はじめに

「特別の教科 道徳」が、小学校では平成30年度から、中学校では令和元年度から全面実施されている。道徳の教科化に伴い、学校教育の現場では、様々な戸惑いと不安、葛藤の声が聞かれるようになってきた。道徳教育をめぐっては、その設置の可否を含めて、これまでにもおびただしい議論が展開されてきたが、実際に教科として実施するという新たな課題を突きつけられることになった。

道徳の教科化にあたって、とりわけ大きな課題の一つと考えられるのは、その評価である。道徳科においては、人間が生きていく上での価値と深く絡んだ内容が多いので、他教科でこれまで行ってきたような評価はなじまない。現場の先生方の道徳教育に関する経験が他教科と比較すると少ないことに加えて、専門の研究者の数が極端に少なく、相談することもままならないという現実が困難に追い打ちをかけている。

しかしながら、時間は待ってくれない。道徳教育そのものに関する議論や検討は専門家に任せるとして、小学校道徳科の評価をどう行ったらよいのか、本書では実践事例を通して具体的に提案してみることにした。甲府市立千塚小学校長の中國昭彦先生は、かねてよりOPPA論のよき理解者で、全教科で使用できるというOPPシートの汎用性に関する研究などに熱心に取り組んできた。OPPAが道徳科にも必ず活用できるという強い信念のもと、千塚小学校の教職員の熱い思いに支えられ、本書は出版に向けて動き出すことになった。

千塚小学校の道徳教育に関する研究は、校長先生の強く熱いリーダーシップのもと、一昨年から本格的に始まった。研究を始めてみると、一年生の道徳科で文章表現は無理なのではないか、シートを評価に使えるのか、子どもが書いたシートの文言をどのように生かせばよいのだろうか等々の意見が噴出した。今までに経験のない試みだったので、当然と言えば当然であった。

そのような悩み多い時期を経て、一昨年の試行期間中に、校長先生、研究主任、各学年の教職員が心を一つにして、このような課題を一つひとつ乗り越えていった。本書は、千塚小学校の総力を結集して、一年間かけて全学年で実施した研究成果である。校長先生をはじめとする教職員の方々の労を多としたい。

私自身、なかなか実現が難しいこうした仕事に関わることができ、また書籍として完成を迎えたことに大きな喜びを感じている。つくづく時期と人に恵まれていたと思う。学校ならびに出版社等々、本研究に関わってくださった全ての人にお礼を申し上げたい。

なお、本書は、未知の分野に意欲的に取り組んだものなので、どれほど真剣に取り組んできたとしても、われわれが気付いていない不十分な点があるかと思われる。その際には、どうか忌憚のないご意見をいただき、また実践研究を深めていただければ、これに勝る喜びはない。本書が多難な道徳教育の課題解決に向けた一助になることを願っている。

令和元年6月

編者 堀 哲夫

も　く　じ

はじめに ……………………………………………………………………… 001

第1章　新しい道徳科の指導＆評価に向けて ……………… 005

◀1▶「特別の教科　道徳」が目指す子どもの姿 …………… 006
◀2▶一枚ポートフォリオ評価（OPPA）論とは ……………… 009
◀3▶道徳科の評価の特徴 …………………………………… 016

第2章　OPPAを活用した道徳科授業の実践 …………… 019

第1学年　くりのみ ［B：友情、信頼］ ……………………… 020
第2学年　ぐみの木と小鳥 ［B：親切、思いやり］ …………… 026
第3学年　絵葉書と切手 ［B：友情、信頼］ ………………… 032
第4学年　雨のバス停留所で ［C：規則の尊重］ …………… 038
第5学年　言葉のおくりもの ［B：友情、信頼］ …………… 044
第6学年　小川笙船 ［D：よりよく生きる喜び］ …………… 050

第3章　OPPAを活用した通知表所見の書き方 ………… 057

◀1▶通知表所見に活用するOPPシートの記入欄 …………… 058
◀2▶自己評価や学習履歴を活用した所見の書き方 ………… 059
◀3▶実際の所見記入時における留意点 ……………………… 061
◀4▶学期末自己評価や学習履歴を活用した所見文例 ……… 062
◀5▶学習前後の考え、その比較による自己評価を活用した所見文例
………………………………………………………………… 080

もくじ

第4章　OPPA を活用したカリキュラム・マネジメント
────────────────────── 105

‹1› カリキュラム・マネジメントの重要性 ………………… 106
‹2› カリキュラム・マネジメントと道徳教育課程の編成 … 106
‹3› OPP シートの記述を活用したカリキュラム・マネジメント …… 112

第5章　全校で取り組む道徳 OPPA の実践 ………… 121
‹1› 校内研究としての取り組み ………………………… 122
‹2› 保護者と連携するための工夫 ……………………… 128

付録
OPP シートのテンプレート使用にあたって ……………… 133

おわりに ………………………………………………… 140
編著者・執筆者紹介 …………………………………… 141

003

第1章
新しい道徳科の指導&評価に向けて

・道徳科で大切にしたいことは何？
・道徳科ではどんな子どもの姿を目指すの？
・一枚ポートフォリオ評価（OPPA）論って何？
・どうしてOPPA論を道徳科に取り入れる必要があるの？
・OPPシートってどんなもの？

こんな疑問に答えます

◀1▶「特別の教科　道徳」が目指す子どもの姿

　今日の学校教育において、私たちの誰もが一生通じて追求すべき人格形成の根幹に関わっているのが道徳教育であろう。道徳教育は、「自己の生き方を考え、主体的な判断の下に行動し、自立した人間として他者と共によりよく生きるための基盤となる道徳性を養うことを目標」[1] としている。

　道徳教育においては、とりわけ「特別の教科　道徳」（以下、道徳科）がその中心的な役割を担っている。しかし、平成29年告示の学習指導要領に明記されたように、道徳教育は道徳科だけが行うのではなく、学校の教育活動全体を通じて行うということが強調されている。そのため、学習指導要領において「各教科等における道徳教育」の扱いも明記されているのである[2]。

　つまり、道徳教育は学校教育におけるあらゆる教育活動を通して行われるのであるが、道徳科はそれらを互いに補い、深め、相互の関連性を考慮して発展、統合させるという中心的な役割をもつように意図されている。道徳科が目指す子ども像を考えるとき、こうしたことが前提になっていることを忘れてはならない。

　本節では、道徳科が目指す子どもの姿について、学習指導要領をもとに検討していく。

(1) 道徳科の学習の目標

　道徳教育の目標を一言で言えば、社会で子どもがよりよく生きるための「道徳性を養う」ことにある。学校教育における「道徳科」では、それを育むための学習活動などが必要とされている。学習指導要領では、こうした目標を達成するために、①「道徳的諸価値について理解する」②「自己を見つめる」③「物事を多面的・多角的に考える」、④「自己の生き方についての考えを深める」の4点の学習活動が必要であると述べられている[3]。

❶　道徳的諸価値について理解する

　道徳科の目標とする「道徳性を養う」ためには、まず道徳的価値についての理解が求められている。ここで言う道徳的価値とは、いろいろな考え方があるが、「人間尊重の精神と生命に対する畏敬の念を前提に、人が互いに尊重し協働して社会を形作っていく上で共通に求められるルールやマナーを学び、規範意識などを育むとともに、人としてよりよく生きる上で大切なものとは何か、自分はどのように生きるべきかなどについて、時には悩み、葛藤しつつ、考えを深め、自らの生き方を育んでいくこと」[4] であると考えられる。

　こうした道徳的諸価値を理解するためには、例えば高い倫理観、望ましい人としての生き方や社会の在り方、多様な価値観、物事の本質を考える力、物事に対して誠実に向き合う意思や態度、豊かな情操などのそれぞれについて学習者自身の自覚が必要とされていると考えられる。そうでなければ、主体的な判断に基づいて道徳的実践を行うことは、まず不可能だからである。さらに、道徳的諸価値の理解の前提には、深い人間理解と他者理解が求められ

第1章 新しい道徳科の指導＆評価に向けて

ていると考えられる。

❷ 自己を見つめる

　上で述べた道徳的諸価値の理解において、まず子ども自身の諸価値に対する自覚に始まり、子どもたちが多くの人や物との出会いによってそれらを相対化されることによって、深い理解につながっていくと考えられる。道徳的諸価値に関する自らの知識や考えを知り、さらに他の事物現象や他の人との相対化を通して深く自己を知ることにより、自らのもつ価値観を磨き、高めることができるのである。クラスがあり、仲間がいる意味の一つは、そこにある。

　このとき大切になってくるのは、自分の学習における出発点、つまり既有の知識や考え、価値観がどうなっているのかを知っておくことである。なぜならば、学習における出発点を意識できていないと、途中の経過やとりわけ到達点が明確にならないからである。学習とは、一人ひとりのもつ知識や考えなどの出発点と到達点の差、つまり学ぶことによる一人ひとりの成長であると考えられる。それゆえ、それらが意識化できる子どもの姿を教師が描いておくことも大切であろう。そのような学習活動は、単にそれにふさわしい教育内容を選択するだけではなく、子どもの認識の内化、内省、外化などをうながすことも重要である。このことについては、第2節で簡単に触れたい。

　こうした学習活動を数多く体験することによって、自己の道徳的価値の理解を深めることが可能になるだろう。したがって、これらの活動に自発的かつ主体的に取り組むことができることも望ましい子ども像と言える。ただ、自己を適切に見つめるということは、かなり高度な能力であるので、低学年のうちからすぐにできるようなものではない。発達段階に応じた適切な学習活動を通して育むことが必要となってくる。難しいから行わないのではなく、育成することが難しいからこそ適切な学習活動を通して育むことが求められているのである。

❸ 物事を多面的・多角的に考える

　道徳的価値の育成にとって、次に重要なのは物事を多面的・多角的にとらえることである。この世に多くの国や人々が存在し、多くの文化や歴史の下に多種多様な生活様式が存在している。その背後には多くの見方や考え方が存在しており、それぞれの地域で感じ方や取り入れ方などが異なっていることを意味している。こうした事実から、世界は言うまでもなく、たとえ日本の国内であっても、またそれぞれの地域内においても、多種多様な価値観が存在していると言える。

　道徳的価値の育成には、多くの多様な見方や考え方、価値などを広くかつ深く知り、認め、望ましい形を作っていくことが求められている。そのためには、他者との対話や協働などが不可欠となる。物事を多面的・多角的に考える能力は、未来社会を生きる子どもにとって必須要件の一つである。物事を多面的・多角的にとらえようとするときの困難さの一つ

007

は、多様な見方や考え方、価値観に遭遇し、矛盾や対立が起こることである。道徳的諸価値の形成や獲得には、こうした困難さを乗り越えるような学習活動を通して育成されると考えられる。したがって、物事を多面的・多角的に考える能力も、子どもに身に付けてほしい能力の一つと言えるだろう。

❹ **自己の生き方についての考えを深める**

これまでに検討してきた道徳科の学習活動の目標は、自己の生き方について考えを深めることにも関わっているので、そのような視点を子どもに意識させることが大切である。つまり、この社会を生きていくためには、誰にとっても道徳的価値は必須要件であり、そのためにはまず自己をよりよく知り、他者との違いに気付き、さらによりよく関わり合うために物事を多面的・多角的に考えることが必要になってくる。このことを、長期にわたり学び続けていくことは、すなわち自己の生き方を深めることにつながっていると考えられる。

先に述べたように、道徳科の学習活動は自分一人の行動を問題にしているのではなく、自己と他者を相対化して見て、考え、深めるということにつながっている。これは、広い意味で言えば、自己の生き方についての基礎を作っていると考えることができるだろう。多くの道徳的価値に関わる事象を学びながら、自分自身の見方や考え方および他者のそれと対峙し、見方や考え方を磨いていくことによって、よりよく生きる方向性を見いだすことができると考えられる。

（2）道徳性を構成する道徳的な判断力、心情、実践意欲と態度の育成

これまで検討してきた道徳教育の目標は、どちらかと言えば個人に関わる内容が中心であった。道徳教育では、それらがさらに道徳性を構成する道徳的な判断力、心情、実践意欲と態度の育成にまで高められることが求められている。これらが日常生活において一人ひとりの子どもの中で適切に機能するとき、豊かな社会生活を送ることができると考えられるからである。

道徳的な判断力とは、日常生活の各場面において善悪を判断する能力ととらえられている。道徳教育において学んだことが、日常生活における行動の中で的確に働かなければ、学ぶことは行動の変容であるという学習本来の意味が損なわれることになる。

また、道徳的な心情とは、道徳的諸価値に基づき、端的に言えば、善いことをしたりされたりするとうれしく思う、逆に悪いことをしたりされたりすると不快になったり嫌になったりするなどの感情を言う。心豊かであるとは、このような人間としての適切な心情をもち合わせて、多様な問題場面においてそれを適切に働かせていくことであると考えられる。

道徳的な実践意欲と態度とは、道徳的な判断を働かせようとしたり、いろいろな場面において道徳的心情のもとに行動しようとしたりする姿勢をもつことである。先に述べたように、学習とは行動の変容であるので、すなわち実践意欲や態度として日常生活で生かされるということに他ならない。

第1章　新しい道徳科の指導＆評価に向けて

　これまで検討してきた内容から明らかなように、道徳教育において求められる子どものあるべき姿は、一朝一夕にして身に付くものではない。まさに、長期的展望と綿密な計画に基づき、校長先生を中心とした学校および家族を巻き込んだ取り組みとならなければ目標の達成は難しいと言えよう。そのため、後にあげる OPP シートには、授業で取り組んだ子どもの学習に対して、保護者からのコメントをもらう欄を設けている。

◀2▶ 一枚ポートフォリオ評価（OPPA）論とは

　一枚ポートフォリオ評価（One Page Portfolio Assessment: OPPA）論（以下、OPPA）とは、教師のねらいとする授業の成果を、子どもが一枚の用紙（OPP シート：One Page Portfolio Sheet）の中に学習前・中・後の履歴として記録し、その全体を子ども自身が自己評価する方法をいう[5]。編著者の一人である堀が 2002 年に開発した。紙幅の都合により、本書では詳しく議論できないが、OPPA は単に教育評価論にとどまらず、教育に関する多くの分野の研究および実践、たとえば教育目的・目標論、教育課程論、教育指導方法論、教育学習論等々に適用できる。

　OPPA では、どの分野においても OPP シートを作成し、そこから得られた学習や授業に関する情報をもとに実践や研究が行われる。本書のように教育評価論として OPP シートを活用する場合のもっとも大切なことは、その記録内容から教師は授業の評価と改善を行い、学習者は学習の評価と改善を行うことにある。これは、OPPA を他の教科において活用する場合でも変わりはない。

　本書では、道徳科の評価として OPPA を採用し、その実践を紹介する。その理由は、現場の教師が苦慮していると見受けられる道徳科の評価に対して、OPP シートを活用することがきわめて有効な手段となり得ると考えたからである。

(1) OPP シートの概要と基本的要素

　それでは、本書で用いた OPP シートの概要と基本的要素について説明する（図1、2参照）。OPP シートとは、1 年間の学習を通した「タイトル」、本質的な問いを設定する「学習前・後の考え」、毎授業時間後に記入する「学習履歴」、学習全体を振り返る「自己評価」という四つの要素を中心にして構成された一枚の用紙である。子どもが各欄に適宜記録し、学習全体を振り返るというように使用する。

　この四つの要素は、授業や学習においてどうしても確認しておきたい内容を問いにしたものである。多忙な教育現場の実態を考慮して、必要最小限の適切な情報を最大限に活用しようというねらいがある。

　OPP シートは、一枚の用紙によって、教育実践においてどうしても把握しておきたい子どもに関する重要かつ適切な情報を、学習前の状態から学習後の変容に至るまでの過程を振り返りながら把握することができるようになっている。したがって、道徳科のように学習による見方や考え方の変容を重視する教科には、とりわけ適していると考えられる。

009▶

図1　OPPシート表面の構成

図2　OPPシート裏面の構成

　本書のOPPシートは、A3版を二つ折りにして表裏両面を用いている。また、教師と子どもの間で1年間を通して何回かやりとりをするので、丈夫な紙、たとえばケント紙などを用いるのがよいだろう。

❶　1年間を通した「タイトル」

　図1の右上にある枠は、「タイトル」を付ける欄となっている。この欄は、学習の最後に一年間の道徳授業を振り返り、自分なりのタイトルを付けるために設けてある。要するに、

第1章　新しい道徳科の指導＆評価に向けて

一年間で学んだことを一言で表現させるための働きかけである。

　このようなタイトルは、教師が提示することはあっても子どもに考えさせることは通常ないだろう。OPPAでは、こうした働きかけは、子どもの資質・能力、とりわけ適切な道徳的価値に関わる見方や考え方を育てるために、あるいは育ったかどうかを確認するために重要であると考えている。このような問いを設定して、子どもがどのような見方や考え方をもっているかを確認すること自体が評価であり、かつそれが資質・能力を育成するという評価観に基づいている。これは、OPPシートを構成している他の要素についても言えることである。

❷　本質的な問いを設定する「学習前・後の考え」

　図1の左上にある「学習前・後の考え」は、授業内容の中で教師が子どもにもっとも確認したい、あるいは理解してもらいたい内容を問いとして設定する。学習前・後の変容が比較できるように、まったく同じ問いにしてある。学習による変容は、学ぶ意味を感得する上で、とりわけ道徳科では重要な意味をもっている。

　図1であげた小学校5年生の場合は、「自分で考えて行動するために、大切なことは何ですか」となっている。こうした問いに対して、学習後に子どもが適切に回答できるよう、教師が一年間の内容を構成することが重要である。このように、「本質的な問い」を適切に設定することは、教育内容の構成にとってもきわめて重要な意味をもっている。つまり、適切な問いが設定できるかどうかは、教師の力量にかかっているのである。

　「本質的な問い」の設定が難しいため、作成済みのものを使いたいという意見も多いが、こうした問いは教師自らが設定して改善していかない限り、力は付かないだろう。自分で作成し、実践し、子どもの書いた内容から改善を図り、修正し、一つでも使えるものを増やしていくということを繰り返していくほかはない。それが教師の専門的力量の形成につながっていくだろう。

　他教科と道徳科が大きく異なるのは、内容の系統性や発展性および特質であると考えられる。道徳科はこれがとても難しい。しかし、道徳科に内容の系統性や発展性および特質をもたせる上で、学習前・後の「本質的な問い」をどう設定するかを考えることは重要であると言える。

❸　授業の一番大切なことを書く「学習履歴」

　これは図2に示した、毎時間後に「授業の一番大切なこと」を子どもが書く欄である。言うなれば、これが子どもの作成するもっとも簡潔なポートフォリオとなる。

　「授業の一番大切なこと」を書くためには、何を学んだのかを考え、そこから何を選択するか判断し、まとめ上げてどのように表現するかという、いわゆる思考力・判断力・表現力が必要になってくる。つまり、その問いは子どものもつそれらの実態を把握するとともに、かつ育成するための働きかけを行っていることになる。これが、これまでになかった資質・

011

能力を育てる評価である。言い換えると「指導の機能をもつ評価」である。多忙を極める教育現場では、きわめて重要な考えの一つであると言えるだろう。

「授業の一番大切なこと」を書くために、重要な視点を二つあげておきたい。

一つは、あくまで自分の頭で考えた内容を書かせることである。教師がまとめた内容を書かせるようなことは、決してしてはならない。この学習履歴は、あくまで子どもの実態を知ることに主眼があるからである。また、それをもとにして次の学習や授業の手立てを考えることにつながるからである。

もう一つは、子どもが書いた内容に対して教師がその優劣をつけてはならない、ということである。これは、子どもが何でも書きさえすればよいと言うことではない。教師は、もちろんこのように書いてほしいというものをもっているのであるが、とりわけ道徳科のように、いわゆる「正解」のない内容については、教師の考える「内容を端的に表す言葉そのものを教え込んだり、知的な理解にのみとどまる指導になったりすることがないよう十分留意する必要がある」[6]のである。要するに、他の教科とは異なる評価が求められていると言える。

道徳科は、適切な道徳的価値の変容をねらいとしているが、そのためには学習や授業の改善に必要な学習履歴を得て、子どもと教師双方が主体的にその修正や改善を自覚することが求められている。そのような情報を適切に得るために、子ども一人ひとりの学習履歴が活用できるのである。

❹ 学習全体を振り返る「自己評価」

道徳科が他教科と大きく異なっているのは、教えられたことをそのままオウム返しに言ったり理解したりするのではなく、「自己の内面に学習内容を取り入れ、それと深く向き合い自ら判断し行動する」ことが求められている点である。つまり、授業のねらいとする道徳的価値についてどのようにとらえているのかを自己に問いかけながら、その意味を深めて磨いていくことが求められるのである。

このとき必要とされているのが他教科や教科外活動などによる学習活動はもちろん、自分自身の経験や他の人との交流を通して、これまでに学んできたことである。それらの活動を通して、どのように道徳的価値の理解と深まりが見られたのか、子どもも教師もともにその全体を振り返り、学習や授業の意味、つまり価値を見いだす働きかけが重要になってくる。それを行っているのがOPPシートの「自己評価」である。

そこでは、何がどのように変わったか、またなぜ変わったのか、変わったことに対してどう思うのかなどを問うている。OPPシートは、子ども自らが思考し、判断し表現することを通して学習過程を可視化しているため、「自己評価」などを通して子ども自身の成長を実感させることができる。

新しい学習指導要領では、「児童が学習の見通しを立てたり学習したことを振り返ったりする活動を、計画的に取り入れるように工夫すること」[7]が求められている。こうした「見

通し」と「振り返り」は子ども自身が自覚できなければ意味はない。

　そのため、OPPシートでは、まず学習の全体や核を意識化するための「本質的な問い」を設定した「学習前の考え」、「授業の一番大切なこと」を通して学習過程を明確にする「学習履歴」、さらに学習の変容を自覚できるようにする「学習後の考え」を設けることによって、「見通し」と「振り返り」がしやすいように工夫されている。したがって、本節で述べたOPPシートの四要素は、適切な資質・能力の育成のためにどれも必須であると言えるだろう。

　最後に、もう一つ付け加えておけば、図１左下の欄は、OPPシート全体の記入が終わった後に、家庭に持ち帰ってコメントをもらってくる欄である。先に述べたように、道徳教育は学校が中心になって取り組むのはもちろんであるが、家庭の協力によって、より一層効果を高めることができると考えられるからである。ただ、学校の置かれている事情等を考慮し、この欄の設定の可否は検討する必要があるだろう。

（2）教師用OPPシートの概要と基本的構造

　OPPAの考え方に基づけば、授業で用いるOPPシートは子ども用だけでなく教師用も作成したほうがよいと考えられる。ただ、とても忙しい教育現場の実態を考慮すると、二種類も作って授業で毎時間使うのは物理的に大変だろうということから、ふだんは子ども用だけを使って授業改善を行えばよいだろう。しかし、学習に関する適切な情報を得るためには、とりわけ研究授業などでは教師用OPPシートも活用することをぜひお勧めしたい。

　なお、教師用OPPシートには、OPPAを授業に導入する前と後に記入するアンケート形式のもの（p. 125参照）と毎授業で使用する通常のOPPシート（p. 118〜119参照）の二種類がある。前者は、OPPAを導入する前と後で、それに取り組んだ教師自身のOPPAに対する見方や考え方の変容を見るものである。後者は、主として授業を実施する教師の意図と子どもの実態との相違を確認し、学習や授業の改善につなげていくものである。

❶　アンケート形式の教師用OPPシートの概要と基本的構造

　このシートの骨格を図３に示す。すでに述べたように、このシートは教師のOPPAに対する見方や考え方の変容を可視化し、明らかにしようすることに主たる目的がある。その背景には、見えているはずの子どもが実際には見えていなかったり、想定外のことが学習や授業で起こっていたりすることを自覚してもらいたいからである。たった一枚の紙を使っても大したことはできない、何よりもOPPシートを作るのが面倒くさい、こんなものを使わなくても自分の経験値のほうが確かである、等々の先入観が覆されることだろう。

　図３に示したように、本シートは【OPPA使用前】【OPPA使用後】【使用前・後の比較】の三つの要素から構成されている。なお、使用する先生方の生の意見を可能な限り聞き出すために、表現されている内容等を教職員評価に使うことはないと明記してある。校長の顔色を伺ったり、人事評価の結果を気にして本心を隠したりしては意味がない。ソクラテスの言

013

先生方へのOPPA　　名前（　5年1組　）

☆これは教職員評価等には全く関係ありません。どんなことでも素直に気軽にお書き下さい。

【OPPA使用前】

1　OPPAを使う前、OPPAについてどのようなことを思っていましたか。

前任校で，取り組んだが方法や内容の検討が不十分で，成果が得られなかったのであまり期待はしていなかった。

本校の使用方法等が最初全く分からなかったので，手探り状態で取り組みを始めた。

【OPPA使用後】

2　OPPAを使った後、OPPAについてどのようなことを思いましたか。

1学期
・取り組みの方法，活用の仕方などがはっきりしていたので，大きな負担もなく取り組めた。
・通信表の所見を書くとき大いに活用でき，OPPAの良さを実感できた。

2学期
・学期末の振り返りをする際，6時間分の振り返りが1枚のシートでできるので，子どもたちも振り返りをするときの目安となり，より深く振り返りができたと思う。

3学期
・学習前と学習後の比較を時間を取ってじっくり振り返りをしたことで1年間の道徳の足跡をしっかり追うことができた。子どもたちも年間を振り返ることで，自分の成長を感じ取れた子が多かった。

【使用前・後の比較】

3　OPPA使用前と使用後を比較して、何か変わったことがありますか。何も変わらなかった場合、何か変わったことがある場合、どちらにしても、それはどうしてなのか自由に詳しく書いてみてください。

OPPA使用前は，使用方法や使用することによって得られる効果など，未知の部分が多く半信半疑のところがあったが，使用していくうちにOPPAの良さが感じられるようになった。特に学期末や学年末の振り返りは，子どもた　ちに改めて考えさせる良い機会となった。（今までは1時間の授業で終わり学期末や学年末に自分の考えや成長を　振り返ることはあまりなかった）
取り組みを継続していくことにより，子どもたちの道徳への関心を高めるとともに，実践しようという意欲を高めるための良い方法だと思う。

図3　OPPA論に対する見方や考え方の変容を見るOPPシートと記入例

う「無知の知」の自覚につながってほしいと願っているのである。

【OPPA使用前】は、OPPAの考え方を授業に導入する前に、それについて知っているかいないかを含めて、どのようなことを思っていたのかを素直に書く欄である。この段階では、OPPAについて全く知らなくても何の問題もない。

【OPPA使用後】は、一つめと全く同じ問いについて、シートを使い終えた後で書く欄である。ここは、図3から明らかなように、学期ごとに書くようになっている。シートを使い込むにつれて変容があったのかなかったのかを見るためである。学期ごとのよい変容が見られれば、シートを効果的に活用できていると言えるだろう。もちろん、あまりないことではあるが、何の変容も見られないこともあり得る。そのときは、シートを使っている他の先生たちと話し合ってみることなども有効だろう。

子どもが真剣に考えて、OPPシートに表現していても、教師が読み取れていないこともある。シートの内容をいかに読み取るのかは、教師の力量にかかっている部分が大きい。こうした教師の専門的力量の形成や獲得は、個人に依存しがちであるが、シートの活用が力量の実態把握とその形成のための一つの方法になると言えるだろう。

❷　毎授業で使用する教師用OPPシートの概要と基本的要素

授業で用いる教師用OPPシートは、これまで毎時間使う必要性についてあまり重視してこなかった。先ほど述べたとおり、忙しい教育現場の実態を考慮したためである。しかしな

第1章　新しい道徳科の指導＆評価に向けて

がら、とりわけ道徳科の場合は、本書で提案しているような方法で取り入れれば、学期末や学年末の評価の大きな助けとなることは間違いない。したがって、忙しい現場でこそ取り入れる意義があると言えるだろう。

教師用OPPシートは、基本的には子ども用と枠組みは同じである。つまり、同じシートを教師用に一枚、子ども用にクラスの人数分用意すればよいので、準備にほとんど手間がかからない。要は、授業記録のメモと考えてもらえばよい。

教師用シートが子ども用と大きく異なっているのは、以下の四点である。

① 当たり前であるが、教師が記入すること
② こんな内容を書いてほしいという模範回答を授業前に書いておくこと
③ 授業後に模範回答とのズレを確認し、反省点や次の授業での修正点などを簡潔に書いておくこと
④ 授業全体を振り返り、授業の成果や課題を中心とした教師自身の自己評価を書いておくこと

また、子ども用と書き方が多少異なる部分もあるので、その点を中心に説明しておく。

まず「タイトル」の欄であるが、教師用OPPシートには、子どもにこんなタイトルをつけてほしいという思いを込めて、いくつか候補をあげておくとよい。

「学習前の考え」の欄には、なぜこの問いを設定したのかという理由を、「学習後の考え」の欄には、その回答として書いてほしい内容を記録しておく。前者は学習指導案の指導目標に、後者は学習目標に相当している。

「学習履歴」の欄であるが、これは授業前に毎時間「授業の一番大切なこと」として書いてもらいたい内容を簡潔に書いておく。授業後には、教師が想定した内容ともし異なっていたら、何がどうしてそのようになったのかという反省点と改善点をメモしておく。また、本時から次時への修正点等があれば、それも記録し、授業改善につなげていくとよい。

「自己評価」の欄であるが、OPPシートの使用前と後の書いた内容を比較して、また学期あるいは学年の授業の全体を振り返って、自分自身の何がどう変わったのかあるいは変わらなかったのかを記録しておく。とりわけ、以後の授業観、学習観、評価観、学力観などの教育観に関係している点を重視しておくとよい。なぜならば、教師の教育観を変えることはきわめて難しいのだが、OPPシートを使うと比較的容易に転換することができるという事実を数多く見てきているからである。

教師用OPPシートを使うのと使わないのでは、教師の力量形成の上で大きな差が出てくると考えられる。しかし、何といっても多忙を極める教育現場であるので、できる限り短時間で的確に処理する能力やスキルを身に付けたい。

教師用OPPシートも可能な限り毎時間使うとよいのだが、とても忙しくて時間がとれない場合には、少なくとも研究授業の時には使うことを勧めたい。つまり、これまでどの先生も使ってきた学習指導案に加えて、子ども用と教師用のOPPシートを用意して研究授業を

015

行うのである。こうすると、子どもと教師の実態を可視化した具体的事実に基づいて議論を行うことができるので、研究授業の質が従前と比較して、はるかに高まってくると考えられる。

◀3▶ 道徳科の評価の特徴

　道徳科の評価には、OPPシートを有効に活用することができると考えられる。そのように言える根拠はどこにあるだろうか。それを探るために、道徳科の評価の特徴を述べておきたい。

　平成27年3月27日に学校教育法施行規則の改正に伴う学習指導要領の一部改正として、「特別の教科　道徳」の実施が告示され、「考え、議論する道徳」への転換をはかるものとなった。

　道徳の評価に関しては「児童の学習状況や道徳性に係る成長の様子を継続的に把握」する必要があり、「数値などによる評価は行わないものとする」となっている。つまり、道徳で養うべき「道徳性」は人格の全体に関わるものであり、個人内の成長の過程が重視されるべきなので、単純に数値化できるものではなく、また仮にできたとしても不用意に数値化してはならないことが強調されている。

　「道徳性」とは、「人間としてよりよく生きようとする人格的特性であり道徳的判断力、道徳的心情、道徳的実践意欲及び態度を諸様相とする内面的資質」[7] と規定されている。

　さらに、道徳の評価の具体的なあり方に関しては、文部科学省から以下の六点があげられている[8]。

① 数値による評価ではなく、記述式であること

　道徳科が、学習者の学習状況や道徳性に係る成長の様子を継続的に把握し、指導に生かすことを目的にして行われることや道徳性の内容が学習者一人ひとり異なっていることなどを考えれば数値化が適切でないことは明らかであろう。

② 他の子どもとの比較による相対評価ではなく、子どもがいかに成長したかを積極的に受け止め、励ます個人内評価として行うこと

　このことが強調される背景には、道徳性が「極めて多様な児童の人格全体に関わるものであることから、評価に当たっては、個人内の成長の過程を重視すべきである。」[9] からであろう。

③ 他の子どもと比較して優劣を決めるような評価はなじまないことに留意する必要があること

　この点についても、「道徳科で養う道徳性は、児童が将来いかに人間としてよりよく生きるか、いかに諸問題に適切に対応するかといった個人の問題に関わるものである」[10] と述べられているように、あくまで個人内の成長の過程を重視しているからである。

④ 個々の内容項目ごとではなく、大くくりなまとまりを踏まえた評価を行うこと

　道徳科では、その目標に掲げられた学習活動における具体的な取り組み状況を、一定の

まとまりの中で、学習の見通しを立てたり振り返ったりする活動を適切に設定しながら、学習活動全体を通して見取ることが求められている。そのため、その学習状況の評価にあたっては、年間や学期といった一定の時間的なまとまりの中で、学習者の学習状況や道徳性の成長の様子を把握することが求められているのである。

⑤　発達障害等の児童について配慮すべき観点等を学校や教員間で共有すること

　「発達障害等のある児童に対する指導や評価を行う上では、それぞれの学習の過程で考えられる『困難さの状態』をしっかりと把握した上で必要な配慮」[11] をするとともに、そうした情報を学校や教員間で共有し、みんなで適切な指導の手立てを考えていくことが、適切な指導の汎用性を追求するためにも、一人ひとりの学習上の困難さに応じた個人内評価を行うためにも重要になってくる。

⑥　現在の指導要録の書式における「総合的な学習の時間の記録」、「特別活動の記録」、「行動の記録」及び「総合所見及び指導上参考となる諸事項」などの既存の欄も含めて、そのあり方を総合的に見直すこと

　道徳の評価には、さらに以下の二点も付け加えておきたい。

⑦　子どもの学習状況を可視化し把握するための内化・内省・外化

　この点は、道徳性を適切に評価するために必要不可欠と考えられる。なぜならば、学習により得た情報を自己の内面に取り入れる内化、取り入れた情報について考えを巡らす内省、それを自己の外に出す外化が、とりわけ道徳には求められているからである。

　道徳では、覚えたことをただはき出すということは求められていない。むしろ、学習したことを通して自己の内面と深く向き合い、それをどう取り入れ、どのように向き合い、昇華し、止揚していくのかが求められている。そのため、このような子どもの内化・内省・外化の過程や結果を可視化する必要がある。

⑧　子ども自身による学習に対する自己評価

　この点は、⑦の内化・内省・外化と深く関わっている。学習によって何がどう変わり、それに対して自分はどのように考えるのかという視点がなければ、教師が適切であると考えていることを子どもに押しつけることになってしまうからである。道徳の授業において重要なのは、子どもが学んだことをもとに考えを巡らし、判断し行動に結び付けていくための基礎的・基本的知識や考えを相互に磨き合い練り上げていくことに他ならない。

　以上にあげた条件の多くを包含し、かつ簡便に活用できるものとして提案したいのがOPPA である。

　OPP シートでは、学習の過程を記した学習履歴が一人ひとりの道徳性の成長の記録となり、どのように変容したかを自己評価することによって、道徳を学ぶ意味・必然性、さらに手応えを自覚することができる。学期や年間を通して、OPP シートという一枚の用紙の中に、人間としてよりよく生きようとする人格的特性がいかに育まれたかということが表れてくる。しかも、学習指導要領で重視されている要点のすべてというと言い過ぎかもしれない

のだがほとんどを網羅していると考えられるので、子どもの実態を適切かつ的確に把握することができるだろう。

　これまで検討してきた理由から、OPPAは道徳の評価に適していると考えられるため、ぜひ効果的な活用を勧めたい。

註

1　文部科学省『小学校学習指導要領（平成29年告示）』p. 3　東洋館出版社　2018

2　文部科学省『小学校学習指導要領（平成29年告示）解説　総則編』pp. 134–138　東洋館出版社、2018

3　文部科学省『小学校学習指導要領（平成29年告示）解説　特別の教科　道徳編』pp. 17–20　東洋館出版社、2018

4　上掲書3　p. 1

5　堀　哲夫『教育評価の本質を問う　一枚ポートフォリオ評価OPPA——一枚の用紙の可能性—』東洋館出版社、2013

6　上掲書3　p. 22

7　上掲書3　p. 109

8　文部科学省教育課程課／幼児教育課編集『別冊初等教育資料』平成27年9月号臨時増刊　通巻931号　p. 155　東洋館出版社　2015

9　上掲書3　p. 109

10　上掲書3　p. 109

11　上掲書3　p. 113

第2章

OPPAを活用した道徳科授業の実践

・実際の道徳科授業ではOPPシートをどう使うの？
・低学年の子どもでもOPPシートを記入できる？
・ワークシートはどんなものを併用するの？
・学期末自己評価まで記入する授業ではどんな工夫が必要なの？
・OPPシートの分析が授業改善につながるってどういうこと？

こんな疑問に答えます

第1学年

主題：こまっているともだちに ／ B　主として人との関わりに関すること／友情、信頼

くりのみ

学研　光村
日文2年

出典：平井芳夫「くりのみ一つ」

◀1▶ ねらい

　身近な友達と仲よく活動し、助け合うことの大切さに気付き、困っているときには互いに助け合おうとする思いやりの心情を育てる。

◀2▶ 児童の実態

　1年生の児童は、友達と関わって生活する中で、友達のよさや一緒に過ごすことの楽しさを実感している。また、困っている友達がいたら、手を差し伸べようとする優しさも見受けられる。しかし、その優しさや手助けは、相手の思いを察したものではなく、自分の思いの押し付けとなっている場合もあるように感じられる。

◀3▶ 指導のポイント

・友達と助け合った経験を思い出させ、困っている友達のために自分がどのような行動をとるとよいのかを考えさせる。
・自分のことしか考えず、見つけたどんぐりを隠したり何も見つからないとうそをついたりするきつねと、そんなきつねが「かわいそう」と、自分の二つしかないくりのみのうちの一つをきつねに渡すうさぎの対照的な姿を通して、友達とどのような関係を築いていくことが大切なのか考えさせる。
・うさぎの友情に触れて涙をこぼしたきつねの気持ちやその後の行動について、役割演技を通してきつねの気持ちに迫り、価値理解を深める。

◀4▶ 評価のポイント

・困っている友達に対してとるべき行動を多面的・多角的に考え、互いに助け合うことの大切さについて理解を深めることができたか。
・友達と助け合うことの大切さを実感し、困っている友達を積極的に助けたいという思いを深めることができたか。

第2章　OPPAを活用した道徳科授業の実践

◀5▶ 本時の展開

過程	◎主発問　○発問　・児童の反応	指導上の留意点
導入5分	1　本時の学習課題をつかむ。 ○校外学習で行った「秋の森」はどんな様子でしたか？また「冬の森」はどんな感じだと思いますか？ ・どんぐりがたくさん落ちていた。 ・冬の森は寒そう。食べ物がなさそう。 ○校外学習のグループ活動で、友達がいてよかったなと思ったことはありますか？ ・答えが分からないときに、一緒に考えてくれた。 ・疲れていたときに励ましてくれてうれしかった。 ○この話には、友達のきつねとうさぎが出てきます。…… 　こまっているともだちがいたら、どうするとよいのかな。	・物語の背景を知り、教材への関心を高める。 ・校外学習の森の様子や体験を想起させることで、本時の学習課題や道徳的価値を考えやすくする。 ・登場するきつねとうさぎについて紹介することで、物語に入りやすくする。
展開25分	2　「くりのみ」を読んで考え、話し合う。 ○きつねは、なぜどんぐりをかくしたのでしょうか。 ・ひとりじめしたかったから。 ・とっておいて、おなかがすいたときに食べたいから。 ○きつねは、なぜ涙を流したのでしょうか。 ・くりのみは二つしかないのに、うさぎは一つ分けてくれたから。 ・うさぎが、やさしくしてくれたから。 ・きつねはどんぐりをひとりじめしたのに、うさぎはくりのみを分けてくれたから。 ○このあと、きつねはどうしたでしょうか。 ・うさぎに、自分がかくしたどんぐりを分けた。 ・本当のことを話した。 ・一緒に食べ物を探した。	・紙芝居で教材提示し、黒板に掲示することで、児童が内容を振り返りやすいよう工夫する。 ・きつねとうさぎの役割演技を通して、うさぎのきつねに対する優しい気持ちについて考えさせる。 ・本文にはないその後のきつねの行動について考えさせ、きつねの気持ちの変化が分かるように黒板にまとめる。
終末15分	3　本時のまとめをする。 ◎困っている友達がいたら、どうするとよいのでしょう。 ・助けてあげる。 ・やさしくする。 ・手伝ってあげる。 ・友達の気持ちを考える。 4　本時を振り返る。 ○今日の学習で一番大切だと思ったことは何ですか。 ・困っていたら助けてあげる。 ・やさしく声をかけて、友達を助けてあげる。	・学習課題に対する自分の考えをもち、自分なりの言葉で表現できるよう声をかける。 ・自分が友達に助けてもらったり、友達を助けたりしたときの気持ちを想起させる。 ・今日の学習で一番大切だと思ったことと感想をOPPシートに記入させる。

0021▶

‹6› 指導にあたっての工夫

　教材を読む際は、紙芝居で提示した。さらに、そのまま黒板に掲示し、場面絵として利用した。
　「こまっているともだちがいたら、どうするとよいのかな」という学習課題を最初に提示した後、終末の場面でも学習課題からそれずにねらいに迫ることができるよう、学習課題の掲示物を黒板の左側に移動し、子どもたちが注目できるように工夫した。学習課題はOPPシートの「大切なこと」につながる部分でもあるため、大切に扱った。
　「自分勝手だった」きつねから、うさぎの優しさに触れ、「友達のことを考えられるようになった」きつねへの心情の変化が分かるように、板書を工夫した。

‹7› 板書計画

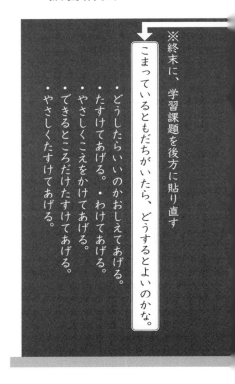

※終末に、学習課題を後方に貼り直す

こまっているともだちがいたら、どうするとよいのかな。

・どうしたらいいのかおしえてあげる。
・たすけてあげる。
・わけてあげる。
・やさしくこえをかけてあげる。
・できるところだけたすけてあげる。
・やさしくたすけてあげる。

‹8› OPPシート活用のポイント

　1年生の実態として、記述する時間がかかってしまうという問題があるため、OPPシートへの記述時間を十分に確保するようにしたい。学習を進めるにつれ、記述時間が短くなってきていると感じる。
　また、特に「大切なこと」の部分の記入に時間がかかり、ねらいから外れたことを書いたり、何を書いたらいいのか迷ったりする児童が多かった。
　そのような点を改善するため、右に示したようなハート型の小さなカードを利用した。「困っている友達がいたらこういうことをしてあげたい」という児童なりの気持ちを自分の言葉で率直に表しながら、発表の場面ではそのカードを支えとして、自分の思いを表出できると考えた。さらに終末の場面では、このカードを見ながら、OPPシートの「大切なこと」をスムーズに記入できた児童もいた。

第2章　OPPAを活用した道徳科授業の実践

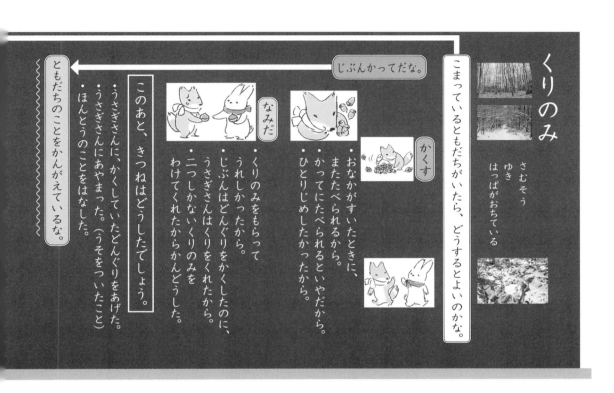

❰9❱ 児童のOPPシート記述例とその分析

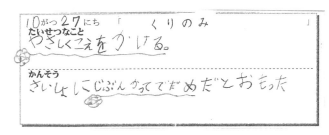

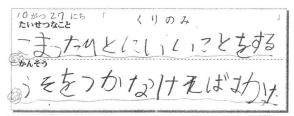

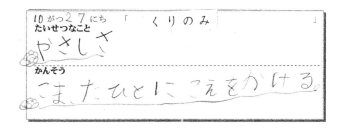

1年1組の場合

　児童の振り返りから、「やさしくこえをかける」「こまったひとにいいことをする」などの記述が見られ、授業のねらいを意識させることができたと考えられる。しかし、数名の児童は、「うそをつかないことが大切」と記述しており、本時の主題である「友達と仲良くし、助け合う」ということに気付かせることができなかった。

　感想の中には、「こまったひとにこえをかける」「じぶんかってでだめだとおもった」「ひとりじめはしない」など、これからの生活に生かしていこうとする気持ちが読み取れる記述も見られた。

【授業改善に向けて】

　本時の授業では、役割演技を通して登場するきつねの気持ちを考える際、共感的に考えることによって、自分がどのような行動をすればよいのかに気付ける児童もいた。しかし、OPPシートの記述から、きつねがうさぎに嘘をついたことの方に意識が向いてしまい、授業のねらいに迫ることができない児童もいたことが分かった。役割演技の時に、自分の考えを言うだけでなく、友達の考えを聞いて気付いたことを発表させるなど、じっくり時間をかけることで、より多くの児童が授業のねらいに迫れたのかもしれない。

10がつ 27にち 「　　　　くりのみ　　　　」
たいせつなこと
こまっていたら たすけてあげる。
かんそう
うさぎさんが2こしかもっていないのに
くりをあげたのがやさしいな。

10がつ 27にち 「　　　　くりのみ　　　　」
たいせつなこと
やさしくこえをかけて ともだちを
たすけてあげる
かんそう
わたしだったらうそをゆわないで
かけて、あげる

10がつ 27にち 「　　　　くりのみ　　　　」
たいせつなこと
こまっている人のいけんをきいて、
できることだけたすけるのがいい。
かんそう
たくさんどんぐりをたべたはずの
きつねさんにくりのみをわけてあげたのが

1年2組の場合

　本時の学習での「大切なこと」について、「困っている友達がいたら助けてあげる」「困っている人がいたら優しくする」というような記述が多く、ねらいに迫ることができた。また、感想では、うさぎの思いやり溢れる言動にふれるものや、きつねの気持ちの変化にふれるものが多く、教材の登場人物の行動や言葉を通して真剣に考え、その考えを1年生なりに深めているのだと感じた。「自分が助けたくても、友達がしてほしいことではないことをしたらうれしくないと思う。だから、友達に困っていることは何か聞いて、全部ではなくて、できることを助けてあげるのがいいと思う」と発言した児童がいた。その発言に共感する児童も多く、「困っている友達の気持ちを推し量り、自分がどのような行動をとるとよいのか」という、相手の気持ちを考えた優しさについて考えることもできた。

【授業改善に向けて】

　二つしかないくりのみのうちの一つを、きつねに分けてあげたうさぎの優しさが印象深かったために、OPPシートに「うさぎさんにうそをつくのはかわいそう」「うそをつくのはいけない」と記述する児童が見られた。友達と仲よく助け合うためには、「うそをつくこと」もいけないことと受け止めながらも、多様な価値がある中で本時で一番深めてほしい価値への迫り方を、教師がしっかりともっておくことが大切であると感じた。

第2学年

主題：思いやりの心で　B　主として人との関わりに関すること／親切、思いやり

ぐみの木と小鳥

学研　光村
日文　光文
学図　廣あ

出典：村田吉之視「ぐみの木と小鳥」文部省『小学校道徳読み物資料とその利用5』

◀1▶ ねらい

　困っている人を思いやり、相手のことを考えて、進んで親切にしようとする心情を育てる。

◀2▶ 児童の実態

　2年生の児童は、人に親切にしようとする意識を持ち始めている。しかし、まだ個人差があり、押し付けになってしまうなど、行動の加減が難しい段階である。また、親切にしたいという思いがあっても、実際にどのような行動をしたらよいのかが分からない児童も見られる。

◀3▶ 指導のポイント

・相手の立場に立って、何をしてあげることがその人のためになるのかを考えさせる。
・友達を心配する小鳥やぐみの木の心情と、親切にしてもらったりすの心情をしっかりと考えさせることで、親切にすることのよさを感じさせる。
・友達にしてもらったときのことを思い出すときに、帰りの会での発表を思い起こさせるようにすることで、たくさん挙げられるようにする。
・これまでに、友達にありがとうと言われたときのことを思い出すことで、これからも進んで親切な行動をしようという意欲をもたせる。
・実際に、どんな親切をしていきたいかをクラス全体の場で挙げさせることで、今後の実生活での実践につなげたい。

◀4▶ 評価のポイント

・友達を思いやる小鳥の気持ちに共感し、親切にすることの意義について自分なりの考えをもつことができたか。
・身の回りの親切な行為に気付き、進んで親切にしようとする思いをもつことができたか。

第2章　OPPAを活用した道徳科授業の実践

◀5▶ 本時の展開

過程	◎主発問　○発問　・児童の反応	指導上の留意点
導入5分	1　これまでに、友達にしてもらった親切なことについて話し合う。 ○これまでに、クラスの友達にしてもらってうれしかったことはありますか。 ・転んだとき、声を掛けてもらった。 ・算数がわからないときに教えてもらった。 ・落としたものを拾ってもらった。	・毎日帰りの会で発表していることを思い起させる。
展開35分	2　「ぐみの木と小鳥」を読んで考える。 3　本時の課題をつかむ。 　親切にすると、どんな気持ちになるか考えよう。 ○嵐の間、小鳥はどんなことを考えていたのでしょうか。 ・友達のりすさんが心配。 ・早くりすさんにぐみの実を届けたい。 ○りすに「ありがとう」と言われて、小鳥はどんな気持ちになったでしょう。 ・喜んでもらえてうれしい。 ・親切にしてよかった。 4　自分の生活につなげる。 ◎これまでに、クラスの友達に、どんなときに「ありがとう」と言ってもらったでしょうか。また、言われてどんな気持ちでしたか。 ・消しゴムを拾ってあげたとき。 ・鍵盤ハーモニカを持っていってあげたとき。 ・ありがとうと言われてうれしかった。 ・してあげてよかったと思った。 ○これから、どんなことを友達にしていきたいですか。 ・やさしくしたい。 ・進んで親切にしたい。	・内容を振り返りながらあらすじをつかませる。 ・教師から称賛の言葉をかけることで、自信をもって発表できるようにさせる。 ・今後の生活につなげられるよう、具体的な意見を出すよう導く。
終末5分	5　本時の学習を振り返る。 ○今日の学習で一番大切だと思ったことは何ですか。 ・親切にする。 ・親切にすると、みんなうれしい気持ちになる。	・板書をもとに本時を振り返ってから、OPPシートに今日の学習で一番大切だと思ったことと感想を記入させる。

027

⑥ 指導にあたっての工夫

最初に「親切にするとどんな気もちになるのかな」という本時の課題を提示し、しっかりととらえさせることによって、学習の終盤の「親切にすると、すごくいい気もちになる」というまとめにつなげた。

場面ごとのイラストを、教材文のストーリーの進行や発問の順番に合わせて一つずつ黒板に提示することで、場面ごとの登場人物の心情をしっかりと考えさせることができた。

これからしたい親切については、児童から出た考えをなるべく多く黒板に書き、今後の生活の中でたくさん実践できるようにした。

OPPシートの「大切だと思うこと」の欄に書いてほしい内容が意見として出たら、黒板に赤色で強調して書き、考えをまとめる際の手助けとなるように工夫した。そして、シート記入時に何を書こうか迷っている児童がいたら、黒板を見て本時を振り返るように個別に声掛けをした。

⑦ 板書計画

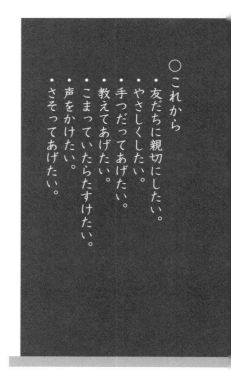

○これから友だちに親切にしたい。
・やさしくしたい。
・手つだってあげたい。
・教えてあげたい。
・こまっていたらたすけたい。
・声をかけてあげたい。
・さそってあげたい。

⑧ OPPシート活用のポイント

第2学年では、OPPシートを使用する際にはワークシートを使わず、その分時間をかけて、児童が記録できるように配慮している。2年生の児童は、自分の思いをどのように表現したらよいか考えるのに時間がかかったり、書く行為自体が遅かったりするため、ワークシートへ目を向けながら、OPPシートもまとめるということが難しい。

したがって、OPPシートの「月日」「教材名」「一番大切なこと」「感想」のみをその授業内に書くこととした。また、OPPシートに記入するときは、「月日→教材名→……」などと一項目ずつ丁寧に説明し、全員でしっかりと確認しながら記入させた。

「大切なこと」に、教材文の具体的な内容や登場人物に関わる感想を書いてしまう児童がいるので、それらは「感想」の欄に書くように声掛けするようにしていた。「大切なこと」を書く際に迷っている児童には、黒板の課題の部分やまとめの部分をよく見るように指導した。

もちろん、OPPシートを使用しない際にはワークシートを作成し、ワークシート記述への指導ができるように配慮している。

第2章　OPPAを活用した道徳科授業の実践

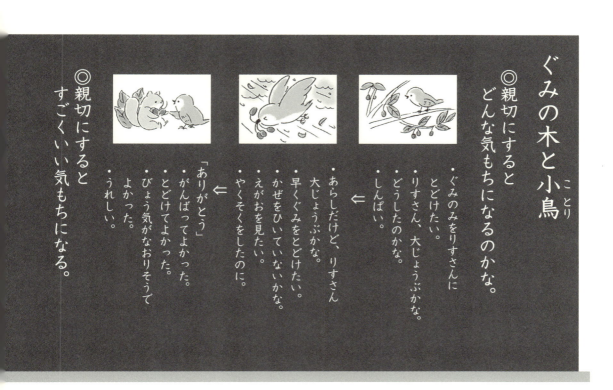

ぐみの木と小鳥
◎親切にすると
　どんな気もちになるのかな。

・ぐみのみをりすさんに
　とどけたい。
・りすさん、大じょうぶかな。
・どうしたのかな。
・しんぱい。

←

・あらしだけど、りすさん
　大じょうぶかな。
・早くぐみをとどけたい。
・かぜをひいていないかな。
・えがおを見たい。
・やくそくをしたのに。

←

・「ありがとう」
・がんばってよかった。
・とどけてよかった。
・びょう気がなおりそうで
　よかった。
・うれしい。

◎親切にすると
　すごくいい気もちになる。

- -

11月22日　「ぐみの木と小鳥」
たいせつなこと
やさしくすること
かんそう
小鳥さんがりすさんのグミをあら
しの中もってきてくれた。

029

(9) 児童のOPPシート記述例とその分析

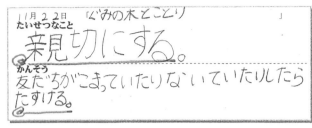

2年2組の場合

本時の学習で一番大切なことについては、担任が意図した通りに、「親切にすること」と書いた児童が最も多かった。感想の欄には、「友だちにやさしくしてあげたい」「こまっていたらたすけてあげたい」など、今後実際に行動したい内容を書いている児童も数人いた。また、「親切にすると気持ちがよい」など、板書を参考に書いている児童も見られた。登場人物の「小鳥さんがすごい」というような感想も見られた。全体的に、本時の授業を受けて、人に優しく親切にしてあげたいという気持ちがシートに表れていた。何度も取り組んでいるので、何を書いたらよいか迷うような児童はいなかった。

【授業改善に向けて】

今後親切にしたいことについては、具体的な意見が多く出たので、今後の生活に結び付く授業内容であったと思われる。

「大切なこと」の欄には、「親切にすること」についての大きなとらえを書いてほしいというねらいがあったが、具体的に「勉強がわからなかったら教えたい」「泣いている人に声を掛けたい」などと書いている児童も何名かいた。「親切にすること」についてより深く考えさせるような工夫が必要であったと思われる。

第2章　OPPAを活用した道徳科授業の実践

> 11月29日　「ぐみの木と小鳥」
> たいせつなこと：しんせつにすると、したほうもされたほうもいい気もちになる。
> かんそう：わたしも、しんせつにしてあげたいです。

> 11月29日　「ぐみの木と小鳥」
> たいせつなこと：親切にすることでみんなうれしい気もちになるし、「ありがとう。」という気もちもらえてる。
> かんそう：あいてがうれしいと思うことばを言ってあげたい。

> 11月29日　「ぐみの木と小鳥」
> たいせつなこと：しんせつにすると、いい気もちになる。
> かんそう：とりさんがすごいやさしかったから、ぼくもしんせつにする。

2年3組の場合

　大切なことには、「親切にすると、いい気持ちになる」「親切にすることでみんなうれしい気持ちになるし、ありがとうという気持ちもふえる」というような、親切にする行為がよい気持ちにつながり、それが大切であると書いた児童が多かった。また、「自分だけでなく人のことも大切にする」や「困っている人にいいことをする」、「相手のことを考える」のように、具体的な行動を書いた児童もいた。

　感想は、「りすさん、元気になれそうでよかったね」「小鳥さん、がんばってすごいね」のような登場人物に共感を示すものと、「小鳥さんみたいにぼくも助けてあげたい」といった自分の意志を示すものにほぼ二分された。

　板書の工夫や役割演技を通して、児童は登場人物の心情をよくつかめていたようである。OPPシートの記入に慣れてきていることもあり、書く内容に困る児童はほとんどいなかった。

【授業改善に向けて】

　OPPシートに記入する時間が少なくなってしまったので、しっかりとその時間を確保し、児童の学びを確実に見取るようにしていきたい。

第3学年

主題：友だちならどうする　**B　主として人との関わりに関すること／友情、信頼**

絵葉書と切手

学研　光村4年
日文4年　学図4年
廣あ4年　教出4年

出典：辺見兵衛「絵葉書と切手」文部省『小学校道徳の指導資料とその利用3』

◀1▶ ねらい

　友達にとって大切なことは何かを考え、互いに信頼し、助けようとする心情を育てる。

◀2▶ 児童の実態

　3年生ではクラス替えがあり、新しい友達が増え、友達関係が広がってきた。気の合う友達同士で集団をつくり、自分たちの世界を楽しもうとする傾向が強まっている。親しい友達と仲よくしたい気持ちが強まる中、その場の雰囲気や状況に左右され、自分でよく考えずに行動したり、ルールを破って他の人に迷惑をかけてしまったりすることもある。「いけない」と分かっていても、「友達だから」「友達と一緒なら」と行動を共にしてしまうこともある。どのような行動をすることが友達のためになるか、本当の友達になるために大切なことは何かを考えさせたい時期である。

◀3▶ 指導のポイント

・友達を傷付けたくない気持ちと、友達のために本当のことを伝えようとする気持ちの葛藤に共感しながら、友達を大切にすることについて考えさせる。
・場面絵を用いながら、主人公の心情を的確にとらえさせることによって、主人公の気持ちに寄り添うことができるようにする。
・ワークシートの記述をもとに自分の考えを発表し合うことによって、話し合いを活性化させる。

◀4▶ 評価のポイント

・友達を思い、悩む主人公の気持ちに共感し、両方の視点から友達のことを考えることができたか。
・友達にとって大切なことを考え、友情を大切にしようとする思いをもつことができたか。

第 2 章　OPPA を活用した道徳科授業の実践

◀5▶ 本時の展開

過程	◎主発問　○発問　・児童の反応	指導上の留意点
導入5分	1　手紙や葉書をもらった体験を思い出す。 ○手紙や葉書をもらったとき、どんな気持ちでしたか。 ・うれしい。何て書いてあるかな。 ○定形外郵便物について　知っていますか。 ・聞いたことがない。	・実物を示し、郵便料金は大きさや重さによって違うことを伝える。
展開35分	2　本時の課題をつかむ。 　友だちとして大切なことを考えよう。 3　資料「絵葉書と切手」を読んで、主人公ひろ子の気持ちを話し合う。 ○正子から絵葉書が届いたとき、どんな気持ちだったでしょう。 ・転校しても覚えていてくれてうれしい。 ・きれいな絵葉書だ。返事を書こう。 ○料金不足だと知ったとき、どんなことを考えたでしょう。 ・私も知らなかったのだから、正子も知らないだろう。 ・仕方ない。 ・私のために絵葉書を出してくれた。 ◎お兄さんとお母さんの意見を聞いて、迷ったのはなぜでしょう。 ・本当のことを言うと、正子が嫌な気持ちになる。 ・せっかく絵葉書をくれたのに、悪い。 ・もう葉書をくれなくなるかもしれない。 ・知らないとこれからも同じことをするかもしれない。 ・本当のことを教えてあげたい。 ○返事を書き始めたとき、どんな気持ちだったでしょう。 ・やっぱり友達のために本当のことを伝えよう。 ・友達ならきっと分かってくれる。 ・迷ったけど、気持ちがすっきりした。 4　友達として大切なことを考える。 ・仲良くし、助け合う。 ・友達のことを考える。 ・間違えたことは教えてあげる。	・場面ごとの主人公の心情をとらえさせるために、場面絵を提示しながら、話し合いを進める。 ・転校して離れても、絵葉書をくれた正子の気持ちを大切に思うひろ子の気持ちを押さえる。 ・自分たちの年齢では、料金不足について知らないので、主人公が正子の間違いを仕方がないことだととらえていることに気付かせる。 ・お兄さんもお母さんも、正子のことを大切にしたいという思いがあることに気付かせる。 ・ワークシートに各自の考えを書かせ、ペアの話し合いをもった後で、全体で話し合う。 ・料金不足を知らせることによって、正子との関係が壊れてしまうかもしれないという危険性についても触れる。 ・日常生活を振り返り、友達のことを考えることがよい人間関係を築いていくことだと気付かせる。
終末5分	5　本時の学習を振り返る。 ○今日の学習で一番大切だと思ったことは何ですか。 ・嫌なことでも本当のことを伝えてあげる。 ・友達のことを思い、考えることが大切。	・今日の学習で大切だと思うことや感想を OPP シートに書かせることによって、これからの行動についても考える糸口とする。

033▶

(6) 指導にあたっての工夫

　教科書を読む前に、定型葉書と定形外葉書を見せながら、郵便料金は形、大きさ、重さによって違うことを伝えた。
　教科書を読んだ後、3枚の場面絵を用い、主人公の心情を的確にとらえる手立てとした。
　中心発問では、主人公の心の葛藤を明らかにするために、母親と兄の絵とそれぞれの考えを書いたカードを対立させて掲示し、それぞれの考えに共感する意見を板書していった。兄は青、母は赤のチョークを使い、線を引いたり囲んだりして、両方の意見を明らかにした。
　返事を書くときに自分の意見を決めた主人公だが、絵葉書を受け取った場面や葛藤した場面を振り返りながら、友達を信じること、正しいことを伝えること、友達のこれからのことを考えることなどの意見が出た。

(7) 板書計画

(8) ワークシート活用のポイント

　「お兄さんとお母さんの意見を聞いてまよったのはなぜでしょう」と問いかけて、母と兄両方の立場で主人公の気持ちを考え、ワークシートに記入させた。母は「友達だから嫌な気分、悲しい気分にさせないようにお礼だけ書けばよい」、兄は「友達だからこそ本当のことを教えてあげるべきだ」という意見である。「本当のことを言うと悲しませる」「友達ではなくなるかもしれない」という意見も出されたが、両方の側に立って記述する児童が多く、「友達だから私の気持ちを分かってくれる」「きっと私を信じてくれる」という意見も引き出されたため、後に出す主人公の結論に共感させることができた。
　終末では、「友だちとして大切なことは何ですか」という問いを設定し、友情を大切にしようとする思いを高めようと考えた。ここで、教科書を離れ、価値を一般化することをねらいとした。ワークシートには、「仲良くする」「助ける」などと並んで、「友達を信じる」「間違えを教える」「友達のことを考える」「友情」などの記述が見られた。

第2章　OPPAを活用した道徳科授業の実践

絵葉書と切手

友だちとして大切なことを考えよう

絵葉書がとどいたとき
・やったあ、うれしい。
・元気でよかった。
・私も送りたい。
・また会いたいな。
・楽しみ

定形外ゆうびんだと知ったとき
・せっかくとどいたのにどうしよう。
・言った方がいいかな。
・そんなこと言ったら悪い。
・正子はどう思うかな。

定形ゆうびん物　62円
定形外ゆうびん物　120円

定形外と教える
書く
・相手がよろこぶ。
・正子がかなしむ。いやな気持ち。
・こんなにすてきな絵葉書をくれた。
・正子の気持ちを考えた。
・心配しちゃうかな。
・おこるかもしれない。

お礼だけ書く
料金不足　書かない
人の意見を聞いてまよったとき
・友だちだから教える。
・正子まちがえない。
・今度まちがえない。
・同じことをくりかえす。
・友だちとしてはっきり伝える。
・正子なら分かってくれる。

道徳ノート　　　　　三年　一組（　　）
絵葉書と切手

☆ひろ子がまよったのは、なぜでしょう。
・お礼のことだけ書くと、正子は元気になる。定形外と教えたいけど、悲しんじゃうかな。
・正子が元気でよろこぶようにするためには、どうしたらいいんだろう。悲しいはがきはかえせない。

☆友だちとして、大切なことは何ですか。
・やさしくしたり、けんかをしてもすぐあやまる。
・自分のことも友だちのことも考える。
・友だちを大切にする友だちをつくる。

(9) 児童のOPPシート記述例とその分析

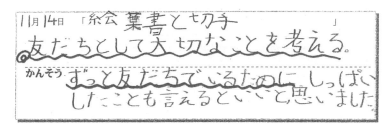

【3年1組の場合】
　今日の授業で一番大切なことの記述として、「間違いを教えてあげる・正しいことを伝える」（11人）、「信じ合う」（10人）、「友達を大切に思う・友達のことを考える」（8人）の大きく3種類に分けられた。本時のねらいは「友達にとって大切なことは何かを考え、互いに信頼し、助けようとする心情を育てる」であるので、どの記述もねらいを達成したと言える。感想の欄には、「なぜ大切だと思ったのか」という考えの根拠を書かせようと試みた。根拠を書かせることによって、短い言葉だけでは表せない児童の思いを知ることができると考えたからである。

【授業改善に向けて】
　5月に行った「友情、信頼」のOPPシートには、「友達と仲よくする」という記述がほとんどだったので、本時を通して友情、信頼について今までより深く考えることができたと考えられる。「料金不足を伝えるか、伝えないか」という二つの対立した意見だったが、どちらも友達のことを思っているからこそ悩む主人公の気持ちに共感させることができた。ただ教材によっては、複数の価値が見いだせることもあるので、細かく教材を分析し、教師がねらいを明確にして授業に臨む必要があるだろう。

11月27日 「絵葉書と切手   」

友だちのことを考えて、助け合うことが大切 ◎

かんそう 大切なことは、助け合うことと、はげまし合うことだと思う。その理由は、わたしもそうしている子から◎もし、わたしがひろう子だったら、葉書を送った王子が、かなしむと思うからかかなかったと思う。

11月29日 「絵はがきと切手   」

大切なことはちゃんとおしえる。◎

かんそう 友だちとして大切なことをおしえあうといいとおもいました。いろんな人にめいわくをかけちゃうかもしれないからです。けんかもしたりすることが友だちだと思いました。◎

11月27日 「 絵葉書と切手   」

本当のことを友だちに言う。でも私からもうまくなるよう どうしていいかからないから。
かんそう
たすけ合うことが大切。理由は大切な友だちを見すてるわけにはいかないから…◎

3年2組の場合

　児童の記述を見ると、一番大切なこととして「友だちを大切にする」や「間違いは教えてあげる」といった内容の記述が大半を占める一方で、「相互に信じ合うことが大切」といった記述は全体の1割程度に留まった。

　教師側の意図として、「相手の立場になって考え、真の友情について気付く」といった心情面を育てる意図があったが、こうした部分にまで至らなかった結果が垣間見えた。また、目先の友達関係が崩れてしまうことに不安を感じ、「自分だったら伝えない」といった記述も少数だが見られ、発達段階における心の成長の分岐点に差し掛かっている様子も伺えた。

【授業改善に向けて】

　物語の主人公が最終的に取った行動に対しては共感する児童が多かったが、その前段階で主人公が「なぜ葛藤したのか」という部分に時間をかけて考えていく必要があった。

　本当のことを伝えることで友情が壊れるかもしれないという率直な思いは、3年生の児童が持ち得る当然の心情と言える。それをじっくり見つめた上で、主人公の行動に着目させ、自分と照らし合わせながらその意図について考えさせる必要があった。いかなる結果も尊重することを前提として、「自分ならこうしていた」という率直な意見が出し合えるような、段階的な発問を重視した授業改善が求められると言える。

第4学年

主題：みんなのためのきまり　**C　主として集団や社会との関わりに関すること／規則の尊重**

雨のバス停留所で

学研　光村　日文　光文　学図　廣あ　教出　東書

出典：成田國英「雨のバス停留所で」文部省『小学校道徳の指導資料とその利用2』

◀1▶ ねらい

　みんなが気持ちよく生活するために、きまりやルールがあることを理解し、進んできまりを守ろうとする判断力を育てる。

◀2▶ 児童の実態

　4年生の児童は、人の話を素直に受け取ることができる児童が多い。また、学校生活を明るく元気に過ごしており、自分たちの学校生活をよくしようという姿勢も少しずつ見られるようになってきた。しかし、クラスや学年、学校全体を考えて行動できる児童はまだ少ない。自らの行動や言動がどのような結果をもたらすかを考えることが苦手な児童もいる。その結果、規則を破ってトラブルになるというケースも少なくない。

◀3▶ 指導のポイント

・きまりやマナーを守ることで自他ともに気持ちよく生活できることを理解し、より良い学校生活につなげていこうとする姿勢を育む。
・規律の必要性を児童一人ひとりが自身の言葉で表現する時間を確保する。
・より多面的、多角的にとらえるためにグループでの話し合いの時間と、学級全体での意見交流の時間を設ける。

◀4▶ 評価のポイント

・きまりやマナーを守らないと、互いに気持ちよく過ごせないことを理解することができたか。
・きまりが必要な理由について考え、きまりはみんなが安心して気持ちよく生活するためにあることを理解し、進んで守ろうとする意欲を高めることができたか。

第2章　OPPAを活用した道徳科授業の実践

◀5▶ 本時の展開

過程	◎主発問　○発問　・児童の反応	指導上の留意点
導入5分	1.　学習課題を設定する。 ○きまりを守るのは何のためでしょう。 ・しかられるから。 ・自分がもやもやするから。 きまりやマナーはなぜ必要なのでしょうか	・きまりやマナーを守る他律的な理由について取り上げ、児童の問題意識を高める。
展開35分	2.　「雨のバス停留所で」を読んで考え、話し合う。 ○バスが見えたとき、よし子がかけだしてバスの先頭に並んだのはどうしてでしょうか。 ・誰も並んでいなかったから。 ・早く並べば座れるから。 ○お母さんに引き戻されたよし子は、どんなことを考えたのでしょうか。 ・これじゃあ座れない。 ・座れなかったらお母さんのせいだ。 ○バスの中で　お母さんの横顔を見ていたよし子は、どんなことを考えていたでしょうか。 ・悪いことをしてしまったのかな。 ・軒下の順番を守ればよかった。 ・きまりを破ってしまった。 ・自分のことしか考えていなかった。 ・周囲のみんなも怒っていたのかな。 ○あなたは「一人でもきまりやマナーは守るべき」と「一人くらいなら守らなくても大丈夫」のどちらの場合が多いでしょうか。 ・私は一人でも守っている。 ◎きまりやマナーはなぜ必要なのでしょうか。 ・みんなが気持ちよく過ごすため。 ・みんなが安心して生活するため。	・発問の前に場面絵を提示することで、バス停には誰も並んでいないことを視覚的に訴え、早く乗りたいよし子の心をとらえやすくする。 ・お母さんに肩を引かれたことにびっくりしている様子をおさえ、引き戻されたことに納得がいかないよし子に共感できるようにする。 ・発問の前に周囲の人たちの気持ちについて考えることで、きまりやマナーを守らない自分勝手な行動が周囲に不快感を与えてしまうことに気付くようにする。 ・ワークシートを活用して、自己の意見を整理させる。 ・ワークシートに書いた自分の意見を基にグループや学級で話し合うことで、多面的・多角的に考えを深めることができるようにする。 ・記入できなかった児童には、グループワークで共感した児童の意見を書くようにさせる。
終末20分	3.　学習したことを整理し、OPPシートに記入する。 ○今日の学習で一番大切だと思ったことは何ですか。 ・きまりやルールを守ることは大切。 ・事故などの原因にもなるから、他人のためにも自分のためにも守る必要がある。	・なかなか書き出せない児童には、板書を見直したり、自分のワークシートを見返したりするようながす。

039▶

◀6▶ 指導にあたっての工夫

　本時の教材は、生活のある場面を切り取ったストーリーとなっているので、思考の流れが板書の中に表れるとよいと考えた。そのため場面ごとの発問に対する考えを発表したうえで、いったん全員で確認してから、次に進んでいくように心がけた。

　また、挿絵を貼ることで、その場面の登場人物の気持ちを考える際の補助となるようにした。よし子の行動は上に、母の行動は下に貼ることで、児童が状況を想像しやすくなると考えた。

　後半の学習では、バスの中で母親の横顔を見ながら、よし子がどんなことを考えたのか、ということを考察する場面がある。よし子は母親の考えを推し量りながら、自分の行動を振り返る。ここでは、自分の外にルールがあるか、自分の中にルールがあるかという見方で、よし子の変容を考えさせた。

◀7▶ 板書計画

よし子さんは変わった。
・ルールを守れる
・自分→人
・外にあったマナーが自分の中に
外にルール→人から言われて
中にルール→自分から

◀8▶ ワークシート活用のポイント

　本時では、よし子の心情を考えながら授業を進めた。雨の中バスを待つよし子の憂鬱な気持ちから始まり、バスが来たからと先に乗りたい一心で走り出す気持ちをとらえる。それを邪魔した母親に対して、バスに乗る前は疑問や反感の気持ちをもっていることを確認した。そして、バスに乗って母親の表情を見たときに、自分の行動について振り返る心情を丁寧に考察させた。よし子の心情を整理して考えられるようにするため、ワークシートの前半には、乗車中のよし子の心情を記述させた。

　後半は本時の授業で一番考えさせたい発問である「きまりやマナーはなぜ必要なのか」を記述させた。丁寧にとらえてきたよし子の心情の変化から、きまりやマナーは他人だけでなく、自らも気持ちよく過ごすためにあるということに気付けるように、このような構成としている。

　高学年に向けて、児童同士が議論する道徳を構成していくためには、ワークシートに記述させる発問をより工夫していく必要があると感じた。

第 2 章　OPPA を活用した道徳科授業の実践

雨のバス停留所で

きまり
- ろう下を走らない
- 二人乗りしない
- 右側通行
- 授業中静かに

- 先頭にならんだ
- すわりたい
- 早くのりたい
- ならんでいいかな

七番目
「ほら、ごらんなさい。」
- すわれなくなったよ
- 立つことになっちゃった
- 立っているのはいや

お母さんの横顔
- 先頭に立っちゃいけなかったかな？
- きまりがあったかな？
- 悪いことしたかな？
- お母さんにはじをかかせちゃった？
- 人にめいわくをかけた
- 何おこっているんだろう

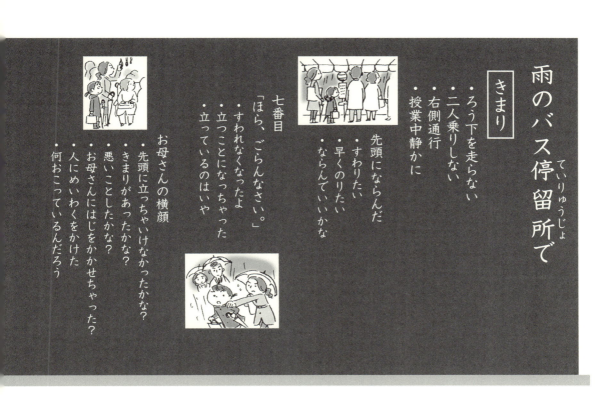

---

32 雨のバス停留所で

四年　組　番　名前 _____

バスの中でお母さんの横顔を見ていたよし子さんは、どんなことを考えていたでしょうか。

わたしがなにか悪いことをしたのかな。わたしがしたことなにかまちがっていたのかな。お母さんがいつもみたいにしてくれなくて悲しいな。

きまりやマナーはなぜ必要なのでしょうか。

守らないとトラブルになるかもしれないし、周りの人のめいわくになるから必要。後悔することになる。一緒におっていたり、ならんでいた人の横入りになってしまうから。

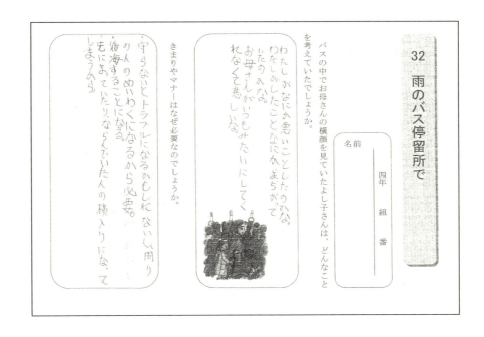

◀9▶ 児童のOPPシート記述例とその分析

10月27日「雨のバスていりゅうしょで」
マナーやきまりが内にある人はすぐに自分から行動できるけど外にある人はいわれてもましたないようなかんじたから外にある人は、自分からきづいてもらわないとほかの
感想 人にめいわくをかけてしまうから。

10月27日「雨のバス停留所で」
きまりやルール、マナーをしっかり守る
感想 外にあったマナーが自分の中にいるときは自分もかえられてるだろう

10月27日「雨のバスていりゅう所」
きまりを守るのはたいせつということがわかった。
感想 自分も守らないと思った。

4年1組の場合

　本時で学習する内容は、ルールやマナーの順守である。クラスの実態として、清掃活動や学習の場面で、周囲からの指摘を受けてから動き始める児童が見受けられ、こうした児童の意識を変革したいという思いをもちながら学習を進めた。

　ワークシートには、「ルールやマナーを自分の中へ」という記述が多く見られ、今まで外から指摘を受けていた児童のシートには、「自分も変わっていきたい」といった言葉が見られた。何のためのルールやマナーかということにも言及している記述もあり、しっかり考えることができた児童が多かった。

【授業改善に向けて】

　授業のまとめで全体的な話になってしまったため、自分の行動に対して考えが向かずに終わってしまった児童が見受けられた。「ルールやマナーを守ることが大切だ」という部分にのみ意識が向かってしまい、「自分から行動を改めなければいけない」という部分に到達できなかった児童がいた。小グループでの話し合いを取り入れるなどして、身近な生活に思考を向けさせる場面を設定することで、児童をさらに深い思考へと導くことができたのではないかと思う。

> 10月 27日「雨のバス停留所で　　　　　　　　　　」
> 大切だと思ったことはルールや決まりは、ちゃんと守らないと、じこや他人と他人とのトラブ
> **感想** ルなどがおきるから、ちゃんと守らなきゃいけないんだと思った。

> 10月 27日「雨のバスていりゅうじょうで」
> ルールをまもらないとじこなどのげんいんになるから　自分のためにもまもる
> **感想** ルールやきまりは大切だから これからもまもるようになろうと思った。

> 10月 27日「雨のバス ていりゅう所で」
> ルールやマナーは まもる。
> **感想** ルールはぜったいまもる。

4年2組の場合

　今日の授業で一番大切なこととして、「ルールは守らなくてはいけない」「ルールは大切だと分かった」といったことを記述した児童が多かった。中には規則が必要な理由まで言及した記述もあり、他人を不快にさせないためという理由の他、自分の気分がよくないことを理由とする児童もいた。また、今後その理由を自分で考えていきたいという記述も見られた。

　物語の主人公である「よし子」の心情を中心に、母や周囲の人の心情も考えることで、規則やマナーの大切さに迫ることができた。多くの児童が「これからしっかりルールを守りたい」と記述しており、今後の生活に生かそうという姿勢も見られた。

【授業改善に向けて】

　議論する場面を設定することができず、教師とのやりとりになってしまった結果、「なぜルールが必要なのか」ということについて深めることができなかった。「マナーを守らないとだめだと思った」というように大切さは理解しつつも、その根拠が曖昧なままの記述がいくつも見られた。

　また、バスの中でのよし子の心情を考える際に、最後までよし子は母がなぜ怒っているかわからないという記述もあり、よし子が自分の行為を反省し始めたということへの理解が不足していた。より状況を整理した上で、心情に迫る必要性を感じた。

| 第5学年 | 主題：異性への理解の深まり　　B　主として人との関わりに関すること／友情、信頼 |

言葉のおくりもの

学研　学図
日文6年　東書6年

出典：波岡輝男「言葉のおくりもの」文部省『小学校道徳の指導資料とその利用6』

◀1▶ ねらい

友達と共に学び合って友情を育み、異性に対する理解を深めながら、人間関係を築いていこうとする心情を育てる。

◀2▶ 児童の実態

5年生の児童は、宿泊行事を経験する中で友達と協力することや助け合うことの大切さを知り、信頼関係を深めようとする気持ちをもっている。その反面、新たな人間関係を築こうとする気持ちが弱く、固定化された友達関係の中で生活している傾向もある。また、男女の関わり方がわからず、異性との友情を深めようとしない様子も見受けられる。

◀3▶ 指導のポイント

・異性に対する正しい理解を深めるとともに、お互いのよさを認め合い、真の友情や信頼関係を築こうとする意欲をもたせる。
・男女関係なく、仲良く助け合うためには何が大切なのかを考える活動を取り入れ、自己を振り返りながら、すぐに取り組めそうな具体的な方法を考えさせる。
・2つの詩を活用することで、児童のもつ友情や信頼についての思い、自己の生き方についての考えをいっそう深いものにしていく。

◀4▶ 評価のポイント

・登場人物の心情の変化を多面的・多角的に考え、男女の関わり方・信頼関係について理解し、考えることができたか。
・友情や信頼、男女の関わり方について、自己を振り返り、学校生活において改善しようとする意欲を高めることができたか。

第 2 章　OPPA を活用した道徳科授業の実践

◀5▶ 本時の展開

過程	◎主発問　○発問　・児童の反応	指導上の留意点
導入5分	1　男女で協力してよかったと思った経験を話し合う。 ○林間学校を通して、男女で協力してよかったなと思ったときはどんなときですか。 ・男女関係なく協力して「友情のウォール」をのぼったとき。 ・「絵図ハイク」で疲れたとき、みんなで歌を歌ったり励まし合ったりしながら頂上までたどり着いたとき。	・学習への方向付けをする。 ・子どもたちの林間学校の反省から意見をいくつか出しておく。
展開35分	2　「言葉のおくりもの」を読んであらすじをつかむ。 ○男女の間では、どんな問題が起こりやすいですか。 ・冷やかされるのがいやで、素直に接することができない。 3　本時の課題をつかむ。 男女が仲良く助け合うために大切なことは何でしょうか。 4　本文の内容について考え、話し合う。 ○ほうきやちりとりを持ってきてくれたすみ子に対して、一郎はどんなことを思ったでしょう。 ・またからかわれるからやめて。 ・またすみ子と仲が良いと思われるのはいやだ。 ○転んでしまったたかしに対してすみ子が励ましの言葉をかけたとき、たかしはどんなことを思ったでしょう。 ・すみ子の言葉がうれしい。 ・からかってしまったのに、すみ子は優しくしてくれる。 ○すみ子が「言葉のおくりもの」をしたとき、一郎とたかしはどんなことを思ったでしょう。 ・〈一郎〉これまでの自分の態度が恥ずかしい。 ・〈たかし〉つまらないことでからかってごめんなさい。 5　自分の生活につなげる。 ◎男女が仲よく助け合うために大切なことはなんでしょう。 ・恥ずかしがらずに声をかけ、助け合う。	・男女の間で起こりやすい問題点について、振り返りながら考える。 ・すみ子が終始、異性であることを気にせずに向き合っていたことに気付かせる。 ・意見を出し合いながら、一郎やたかしの心情の変化に気付かせる。 ・ワークシートを使って考える時間を確保し、自分の考えをもたせる。
終末20分	6　教科書の詩（学研 p. 52）を読んで、本時の学習を振り返る。 7　OPP シートに記入する。 ○今日の学習で一番大切だと思ったことは何ですか。 ・差別せず、仲良く協力することが大切。 ・男女関係なく話し合う。 8　1学期を振り返り、道徳の学習のまとめをする。 ○1学期の道徳の時間を通して、自分の中で変わったことがありますか。また、そのことについてどう思いますか。	・2つの詩を読むことで学習を振り返り、今後に生かしたいことや自己の生き方についての考えをまとめさせる。 ・OPP シート下段に記入させる。 ・一回一回の授業を丁寧に振り返りながら、静かに考えさせる。

045

◀6▶ 指導にあたっての工夫

　児童が主体的に授業に参加し、多様な考え方に気付くようにするために、本授業ではネームプレートを活用し、できるだけ多くの児童が発言できるようにした。

　板書に児童の意見を書き出し、その児童のネームプレートを貼り付けていく。ネームプレートを使用することで、まだ発言していない児童が自分の考えを友達に伝えてみようとする姿勢が見られたり、「○○さんと似ていて…」などと考えをつないでいったりする姿も見られた。しかし、自分の考えを発表することが苦手な児童にとっては、ネームプレートを使用することで発表しなくてはならないというプレッシャーを感じてしまうのではないかと懸念される。

　また、黒板の上部には挿絵を貼り、その場面の登場人物の気持ちを考える際の補助とした。一郎とたかしの気持ちを比べられるように、黒板を半分に区切り、その挿絵の下にそれぞれの気持ちを板書していくことで、気持ちの変化をとらえやすくした。

◀7▶ 板書計画

男女が仲良く助け合うために大切なことはなんでしょう。
・素直になる。
・恥ずかしがらずに声をかけ、協力する。

◀8▶ ワークシート活用のポイント ------------------------

　本授業は、学期末自己評価までを記入する時間となる。したがって、学習履歴の「一番大切なこと」と「感想」、自己評価の「1学期の授業を通して」の3か所を記入する。OPPシートに記入する時間を確保するために、ワークシートへの記述は、最も重要な発問である「男女が仲良く助け合うために大切なことは何でしょうか」のみとした。その後、終末には今日の学習で一番大切だと思ったことをじっくりと考えながら記入し、さらに1学期の振り返りをする時間を十分に確保することができた。

　高学年ではワークシートを工夫することで、授業時間内に、OPPシートに学期末自己評価まで記入できることがわかった。

　しかし、ワークシートとOPPシートへの記入内容が被ってしまったため、すみ子が「言葉のおくりもの」をしたときの一郎とたかしの気持ちを考える際にワークシートを活用した方がよかったのではないかという反省点もある。

第 2 章　OPPA を活用した道徳科授業の実践

言葉のおくりもの

男女が仲良く助け合うために大切なことはなんでしょう。

一郎
すみ子
たかし

田中
鈴木
・またからかわれるからやめて。
・またすみ子と仲が良いと思われる。
・親切はうれしいけど、おれの気持ちも考えてほしい。

木村
たかしに声をかけた

渡辺
さっとそうじ用具を持ってきたのに、からかってしまった。すみ子は優しくしてくれる。

石川
・すみ子の言葉がうれしい。
・からかってしまって申し訳ない。

原田
・つまらないことでからかってしまってごめんなさい。

佐藤
・これまでの自分の態度が恥ずかしい。
・あやまりたい。

道徳　言葉のおくりもの　　五年　組（　）
●男女が仲良く助け合うために大切なことはなんでしょう。

われあい
やさしさ
お外とうごめんなさいなどの言葉
友達を大切に
すもおもういやり
素直な気持ち
はきしあう
同じ気持ちをたがいに
人の気持ちを理解し思いやう
仲間ということをたいせつにする

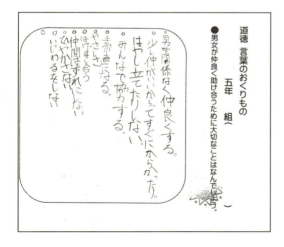

道徳　言葉のおくりもの　　五年　組（　）
●男女が仲良く助け合うために大切なことはなんでしょう。

・男女関係なく仲良くする。
・少し仲がいいからってすぐにからかったり、はやし立てたりしない。
・みんなで協力する。
・素直になる。
・やさしさ
・はげまし合う
・仲間はずれにしない
・やりすぎない
・いじわるをしない

047

◀9▶ 児童の OPP シート記述例とその分析

> 6月29日　「　言葉のおくりもの　　　　　　　　　　　」
>
> 「仲間」をきずつけず、助け合い、わかちあう。
>
> ---
> **感想**
> 「仲間」を大切にしていきたいと思った。仲間は宝物だと思った。

> 6月29日　「言葉のおくりもの　　　　　　　　　　　」
>
> 男女かんけいなく、仲良く楽しいクラスにしていくには、
> 「仲間なんだ」、といしきして、助け合うといいと思います。
>
> **感想**　すみ子さんは、クラスのみんなと仲良くしたかっただけなんだ
> と思います。

> 6月29日　「言葉のおくりもの　　　　　　　　　　　」
>
> ひやかされたりばかにされてもきにしない。
>
> ---
> **感想**
> すみ子さんを見習って周りをきにしないようにしたいです

5年1組の場合

　児童の OPP シートから、「仲間と協力し合い、助け合うこと」「男女関係なく、素直な気持ちで接することが大切」「思いやりや素直な気持ちを持つこと」「欠点を理解し補い合うこと」などの記述が多く見られ、授業のねらいに迫る考えを意識させることができた。しかし、数名の児童からは「冷やかされたり、ばかにされたりしても気にしない」という記述が見られ、本時の主題である異性への理解の深まりや友情・信頼への気付きまでに至ることができなかった。

　感想の中には、これまでの自分の行動を振り返り、今後の生活に生かしていこうとする記述が多く見られ、本授業を通して、よりよい人間関係や学級づくりを目指していこうとする意欲が高められた。

【授業改善に向けて】

　授業のねらいに迫る学習となったが、児童の記述から、自分たちの学級に置き換えて考える視点が欠けていると感じた。資料の場面設定が学級の中の出来事であることを考えると、自分たちの学級ではどうかということを、グループや全体で話し合わせる時間をもっと確保すれば、自己の振り返りや今後の行動についてより深い考えをもたせることができただろう。

第 2 章　OPPA を活用した道徳科授業の実践

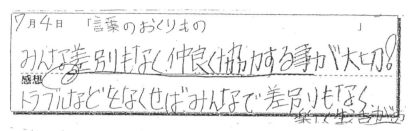

5年2組の場合

　一番大切なこととして、「男女関係なくみんなで協力することが大切」と記述した児童が非常に多く、さらに具体的な内容として「差別しない」「仲間外れにしない」などの言葉を添えている児童も多かった。

　すべての児童が「男女仲良く楽しいクラスしていくためには」というめあてに向かって、本時における一番大切なことを考え記述することができていた。また、感想の中には、「トラブルをなくし、みんなで差別なく楽しい生活が送れるようにしたい」「友達に親切にして、みんなで協力して過ごしたい」「男女で注意し合うことが大切」などこれからの生活の中で、頑張ろうとする気持ちが読み取れるものが多かった。

【授業改善に向けて】

　多くの児童が登場人物の気持ちをしっかりととらえながら、自分の生活へとつなげようとする意識を高めることができていた。

　しかし、自分たちの考えを伝え合うだけで、OPPシートの感想欄にも議論を通した変容などの記述は少なかった。すみ子に視点を当てすみ子の行動の理由を考えさせたり、男女仲良く楽しいクラスにしていこうとしている人物は誰か考えさせたりするなど、話し合いの場を設定するとよかったかもしれない。

主題：よりよく生きる　　**D　主として生命や自然、崇高なものとの関わりに関すること／よりよく生きる喜び**

小川笙船

学研　光村

出典：文部科学省『小学校道徳読み物資料集』

◖1◗ ねらい

　人間が自分の弱さを受け止めて乗り越えようとしたり、より己を高めようとしたりする強さや気高さに気付き、よりよく生きようとする心情を育てる。

◖2◗ 児童の実態

　第6学年の児童は、自分自身をより高めたいという願いをもっているものの、様々な障害や困難に出合い、悩んだり悲しんだり、苦しんだりする。そこで、自分だけが弱いのではないことや、人間は決して完全なものではないことを理解すると同時に、それを乗り越えたときに達成感や自己肯定感を実感できるようにしたい。

◖3◗ 指導のポイント

・笙船が、どんなに疲れていても、貧しい病人の面倒をみ続けたり、若い医者の指導をし続けたりしたのは、どのような思いがあったからか考えさせる。

・人間誰しも様々な困難に出合ったとき、悩んだり苦しんだり、時にはねたんだり恨んだりすることがある。それを、自分が弱いからだと考えずに、誰しももっている弱さであることとして受け止め、乗り越えようとする気持ちを育む。

・笙船が弱さや困難さを乗り越えて選んだ生き方には、〈公正、公平、社会正義〉〈勤労、公共の精神〉〈希望と勇気、努力と強い意志〉〈親切、思いやり〉〈真理の探究〉〈よりよい学校生活、集団生活の充実〉など多様な道徳的価値が含まれているので、グループで意見交換をすることにより、それらを多面的・多角的にとらえられるようにする。

・笙船に治療をしてもらった人々の思いも考えさせることにより、笙船の行いを深く考えさせるようにする。

◖4◗ 評価のポイント

・笙船の生き方から、人間がもつ強さや気高さに気付くことができたか。

・自分の生き方について考えを深めることができたか。

第 2 章　OPPA を活用した道徳科授業の実践

◀5▶ 本時の展開

過程	◎主発問　○発問　・児童の反応	指導上の留意点
導入5分	1　小川笙船という人物を知る。 ○小川笙船とはどのような人物ですか。 ・江戸の町で有名な腕のよい医者。 ・貧しい者も診療した。	・場面絵を活用しながら範読し、状況を理解しやすくする。
展開35分	2　「小川笙船」を読んであらすじをつかむ。 3　本時の課題をつかむ。 よりよい生き方について考えよう ○笙船の生き方で、どんなところに心を動かされましたか。 ・貧しい人にも手厚く診療してあげたこと。 ・いそがしくても、若い医者の指導を熱心に行ったこと。 ○笙船が、診療活動をしていくことで悩んだことは何でしょうか。 ・いそがしい毎日でたいへんだ。 ・すべての人に手当てが行き届かない。 ○笙船が、どんなに疲れていようとも、志ある医者を育て、貧しい病人の面倒を見続けたのは、どのような思いがあったからでしょう。 ・見過ごすことはできない。 ・一人でも多くの人を助けたい。 ・いそがしくても、若い医者を育てるのは自分の使命。 ○定吉の涙や、大根を届けに来た男の笑顔を見たとき、笙船はどんな気持ちだと思いますか。 ・元気になってくれてうれしい。 ・自分の生き方に悔いはない。 4　小川笙船の生き方について考え、話し合う。 ○笙船の生き方から、どんなキーワードが伝わりますか。 ・優しさ ・あきらめない気持ち ・医者としての信念	・笙船が乗り越えた心の弱さを、ワークシートを使って、じっくりと考えるようにする。 ・ワークシートを使い、弱さを乗り越えて取った行動を確認し、自分の考えをもたせる。 ・班で話し合い、ボードにまとめさせる。 ・班ごとに発表させる。 （発表後、黒板に掲示）
終末5分	5　本時の学習を振り返る。 ○今日の学習で、一番大切だと思ったことは何でしょうか。 ・楽をせずに人のためにがんばる。 ・勇気と優しさをもつことが大切。	・板書をもとに本時を振り返ってから、OPP シートに、大切なことと感想を書かせる。

051

❰6❱ 指導にあたっての工夫

　場面ごとのイラストを掲示することで、登場人物の行動や内容を確認したり、振り返りやすくしたりした。
　内容項目である「人がもつ強さ」について班で話し合ったことを、音声だけでなく目で見ても共有できるように、ボードを活用した。
　授業を組み立てるにあたって、本文には表れていない笙船の困難さや苦しさを、場面ごとに自分に置き換えて考えさせた。「よりよく生きる」ためには、誰しも自分のもつ弱さとの葛藤があり、それに打ち勝つことができるということを、笙船の行動から理解させたいと考えたからである。児童は、「自分が笙船だったら」と、素直に弱音や不満を発表していた。だからこそ、笙船の行いがとても気高いと感じられたようである。

❰7❱ 板書計画

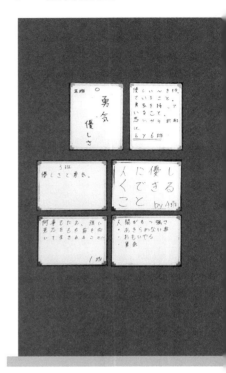

❰8❱ ワークシート活用のポイント

　人間が持つ弱さ（悩みや迷い）は、笙船からは読み取りにくい。新しく追加された内容項目「よりよく生きる喜び」に迫るためにも、困難にぶつかったときの心の弱さを考えさせ、ワークシートに記入させることにした。また、その弱さに打ち勝った行動を記入させることで、よりよい生き方について対比しながら考えられるようにした。
　罫線で場面ごとに対比しやすいようにすることも考えたが、自由に記入できるようにした。中には、自分で罫線を引き、悩みや迷いと、それに打ち勝った行動とを対比して記入している児童もいた。
　ワークシートには、「笙船が出合う困難や心の弱さ」と「笙船が選んだよりよい生き方」を記入させたが、児童は笙船の生き方から様々な道徳的価値を感じ取ったことがOPPシートの記入から読み取れた。「優しさ」「差別しない」「あきらめない心」などの笙船の人柄があって、そして困難に立ち向かう強い意志があったから、人々に親しまれるような偉業を成し遂げられたと考えたようである。笙船のような生き方をしたいと記入する児童が多かった。

第2章　OPPAを活用した道徳科授業の実践

小川笙船

- 医者 → 貧しい人も助ける。

笙船の生き方から
よりよい生き方について考えよう。

〈笙船の生き方〉
- 貧しい人にも手厚くみてあげた。
- 養生所を作った。
- 薬草を作った。
- 差別しないでしんりょう。
- 若い医者にもていねいに指導してあげた。
- 夜も休まずはたらいた。
- 一人一人を大切にした。
- 人々に親しまれた。

人がもつ強さとは？

---

23 小川笙船

名前　六年　組　番

笙船が出合う　困難や心の弱さ

多くの病人の診察や、若い医者たちの指導で、目が回るような毎日だった。いそがしい手当てしても死んでいく者も多く、心を痛めていた。

(例)　養生所が人でいっぱい。

笙船が選んだ　よりよい生き方

医者として、お金が有る人も無い人も関係なく全力で看病する。

(例)　まずしい人にもお金の無い人にも変わらず優しくふるまう心の広い人
(一班の考え)

053

(9) 児童のOPPシート記述例とその分析

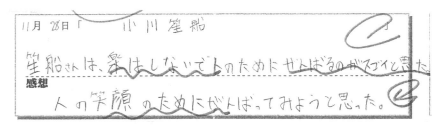

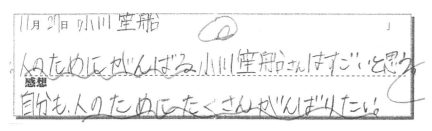

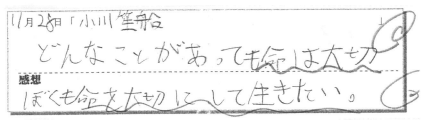

6年1組の場合

　感想欄に「人のためになることをしていきたい」と記述した児童が多かった。笙船の行いに注目しての記述である。ほかにも、「困っている人を助けたい」「笙船のように頑張りたい」という記述もあった。困難に出合い、悩み、苦しみながらも最後まで自分の仕事をやり通す笙船の生き方に共感していることが読み取れた。

　しかし、困難に打ち勝つ笙船の姿よりも、医者としての仕事に注目している記述も若干見られた。

【授業改善に向けて】

　本単元のねらいは、「よりよく生きようとする心情を育てる」である。笙船の「悩みや迷い」に伴う弱さに着目する発問を増やすことにより、より一層ねらいに近づくことができたのではないかと考える。

　また、グループで意見を交わす過程では、自分自身の生活を振り返りながら考えるように助言することで、さらに児童の様々な考えを引き出すことができたのではないだろうか。

　定吉の涙や、大根を届けられた場面において、表現活動（動作化、役割演技等）を取り入れることも、笙船の心情に迫る方法として有効ではないかと考える。

第 2 章　OPPA を活用した道徳科授業の実践

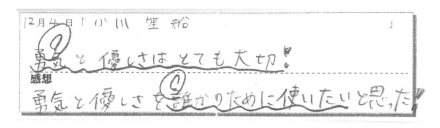

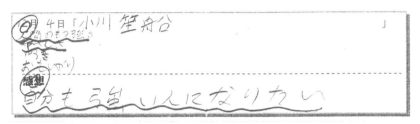

6年2組の場合

　教科書の文章からは読み取れないが、「教科書に載っている偉人も同じ人間であり、人間の持つ弱さは誰にでもある」ということをしっかり押さえないと、よりよく生きる喜びにはつながらないと考えた。感想には、「人のために」「勇気」「優しさ」という笙船の行いから読み取ったと考えられる記述が多かった。ただ、笙船の行いに感銘は受けつつも、自分の生活に置き換えて感想を記入している児童は少なかった。

【授業改善に向けて】

　本時の授業において、多くの児童が小川笙船の行動とその裏に隠れていたであろう人のもつ弱さをしっかりとらえることはできていたと思う。

　「人が持つ強さとは」でグループ討議を行った。グループごとに自分たちの考えを簡潔にまとめることができていたように思う。一方、OPPシートの感想欄には、笙船の生き方のすばらしさにふれているものの、自分の生活とは分けて考えている児童が多い印象を受けた。

　児童の、心の弱さに打ち勝つ様々な日常の場面を例示することで、より自分の生活に密着した感想を引き出すことができたかもしれない。

第 3 章

OPPAを活用した通知表所見の書き方

- 道徳科の評価ってどう表せばいいの？
- 学期末自己評価をもとに、どう所見を書けばいい？
- １年間の学習を振り返る自己評価をもとに、
  どう所見を書けばいい？
- １時間ごとの学習履歴をもとに、どう所見を書けばいい？

こんな疑問に答えます

(1) 通知表所見に活用するOPPシートの記入欄

　シート表面の記入欄のうち、学習前の考え・学習後の考え・学習前後の比較による自己評価を通知表所見に活用する。

OPPシート表面の構成

　シート裏面の記入欄からは、学習履歴・学期末自己評価を活用する。学習履歴に入れる要素は、学習した日付・教材名・今日の授業で一番大切なこと・感想である。道徳では、子どもの気持ちを大切にし、寄り添うことで心を醸成するため、情意面を知る手がかりとして感想欄を設けている。この感想欄の記述も所見に活用できる。

OPPシート裏面の構成

(2) 自己評価や学習履歴を活用した所見の書き方

　平成28年7月、道徳教育に係る評価等の在り方に関する専門家会議による『「特別の教科　道徳」の指導法・評価等について（報告）』が公表された。それによると、道徳科における評価の基本的な考え方として、「児童生徒の側から見れば、自らの成長を実感し、意欲の向上につなげていくもの」、また「個々の内容項目ごとではなく、大くくりなまとまりを踏まえた評価とすること」などが報告されている。

(1) 自らの成長を実感し、意欲の向上につなげる評価

　OPPシートの各学期末に実施する自己評価の問いは、「〇学期の道徳の時間を通して、自分の中でかわったことがありますか。また、そのことについてどう思いますか」である。「自分の中でかわったことがありますか」「そのことについてどう思いますか」という問いは、まさに前述した「自らの成長を実感し、意欲の向上につなげていくもの」を子どもに直接問うものである。この問いと回答を通じて、子どもは道徳授業での学びの意味を実感し、自らの成長を感得できる。

(2) 学期末自己評価の活用

　「〇学期の道徳の時間を通して」自己評価させることは、個々の内容項目を限定するものでなく、大くくりなまとまりを踏まえた評価となる。学期末の自己評価を記入する際は、OPPシートに書かれている教材だけでなく、これまで学習した教材すべてを対象とするものであることを子どもに伝え、記述させる。子どもは、これまでの授業を想起しながら、学期末自己評価を記述することになる。

　したがって、学期ごとに所見を作成する際に一番大切にしたい子どもの記述は、学期末自己評価である。下に挙げたのは、子どもの学期末自己評価とそれを活用した所見文例である。

> 2学期の道徳の時間を通して、自分の中でかわったことがありますか。また、そのことについてどう思いますか。
> 前はもみんなに協力し前向きになりました。自らの思い通りにならなくてもがんばろう、自分でもできるという気持ちを持つようになった。できるかぎり人を助けたいと思った。

所見文例（5年生）
自分の思い通りにならないときもがんばることで、自分にもできることがあると気付くことができました。友達と協力し、前向きに取り組もうとする気持ちをもつことができました。

(3) 学習前後の比較による自己評価の活用

　学習後の考えや学習前後の比較による自己評価は、1年間の道徳の学びの最後に記述する。学習前後の考えを比較し、「学習前と学習後の内容を比べて、違うところはありますか。その違いはどうしてできたと思いますか」という問いに対する自己評価は、まさに大くくりなまとまりを踏まえた評価となる。この自己評価は、その違いが生じた根拠を子どもに意識させることによって、1年間の道徳の学びの意味を感得させるものであり、子ども自身の成長をしっかりと受け止めた評価をすることができる。

(4) 学習履歴の活用

　自己評価だけでは、十分な所見が作成できない場合は、学習履歴を活用することもできる。学期に書き記してきた学習履歴の中から、道徳的価値の理解を自分自身との関わりの中で深められている記述を活用するのである。学習履歴で書き記した「今日の授業で一番大切だと思うこと」は、子どもの気付きであり、授業を通して分かったことである。また、それについての感想は、気付いたこと・分かったことから感じたこと、芽生えた気持ち（思い）ととらえることができる。それらを所見に活用するのである。

　学習履歴は1時間1時間のものではあるが、教師が学期全体を見通した中で活用することで、決して内容項目を限定したものでなく、学期全体の授業時間から選択した大くくりなまとまりを踏まえた評価であると言える。

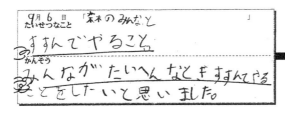

所見文例（2年生）
「森のみんなと」の学習では、自分たちが行った仕事がみんなの役に立つことに気付き、みんなが大変なときは進んで取り組もうという思いをもつことができました。

　そのほか、左のOPPシート（1年生1学期）のように、語彙も少なく十分な表現力もない記述から所見を作成する場合は、自己評価を中心とし、いくつかの学習履歴を活用する場合もある。

所見文例（1年生）
「うそをつかない」「わがままは言わない」ことで、自分自身の心が軽くなることに気付くことができました。自分自身の心に正直でありたいという思いが強くなりました。

　p. 62以降には、各学年の様々な学習履歴や自己評価を活用した事例を紹介している。

⦅3⦆ 実際の所見記入時における留意点

　学期末や学習前後の比較による自己評価の中には、下記の例のように「友達関係では、いじめられている人を助けたり、相手にわかるような言葉でだんだんと話してきている」や「悪い人がいたら注意する回数が多くなった」などと、自分ができるようになったことを記述する子どもが多い。

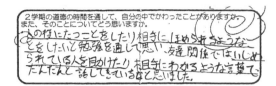 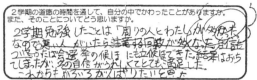

　道徳の授業を通して、児童が行動を改め、そのことを意識したことは、自らの成長を実感できたという点において大きな成果である。
　しかし、道徳授業の評価は、あくまでも道徳授業の中の見取りである。児童の行動として記述したい場合は、「総合所見」で書くことになる。
　したがって、道徳授業の評価を記述する際は、以下のような文末を用いて記入することに留意するとよい。

(1) 学期末自己評価を活用した場合
- ○学期の道徳の学習を通して、…することの大切さに気付くことができました。
- ○学期の道徳の学習を通して、…しようとする心が育ってきています。
- ○学期の道徳の学習を通して、…という強い思いが芽生えてきました。

(2) 学習履歴を活用した場合
- 「○○○」の学習では、…について考えることができました。…という思いが高まっています。
- 「○○○」の学習では、…に気付くことができました。…という思いが深まりました。

(3) その他の文末例
- ……という気持ちをもつことができました。
- ……が大切だということに気付くことができました。
- ……を身に付けることの大切さに気付くことができました。
- ……しようとする思いが伝わってきました。
- ……という思いをもつことができました。
- ……を知り、興味を深めることができました。

(4) 学期末自己評価や学習履歴を活用した所見文例

第1学年

> 「じゃんけんぽん」では、「強く言わない」「心の中で思っていることをどんどん言わない」と記述し、これから友達と関わるときに大切にしていきたいこととして受け止められている。授業中も、「思ったことを何も考えないで言っちゃうと、友達を傷つけると思う」と発言している。

> この児童は、積極的に友達とかかわり、友達も多く、みんなから頼りにされる人望も厚いが、自分の考えや思いを通して動いてしまったり、ストレートに表現することで友達に誤解されてしまったりすることがあった。2学期の道徳の学習を通して、「困っている人を助けられるようになった」という成長を大切に評価したい。

所見文例

「思ったことを口に出すと相手を傷つけることがある」「強い言い方は相手を嫌な気持ちにする」など、友達の心に寄り添った考えをもつことができるようになりました。

第3章　OPPAを活用した通知表所見の書き方

【学期末自己評価を活用した所見文例】

> 2がっきの どうとくのじかんを とおして，じぶんのなかで
> かわったことが ありますか。
>
> *(手書き)* 1がっきは わがままをゆったりしていたけど わがままをゆわなくなった。わるいことをやったら すぐにあやまるようになった。ぼっかぽかのどうとくがこころにのこってじぶんのこころもぽっかぽかになった。

1がっきはわがままをゆ（い）ったりしていたけどわがままをゆ（い）わなくなった。わるいことをやったらすぐにあやまるようになった。「ぽっかぽか」のどうとくがこころにのこってじぶんのこころもぽっかぽかになった。

所見文例①

自分も友達も心地よい関係でいるためには、わがままを言わないで、自分が悪いと思ったらすぐに謝ることが大切だと気付き、いつも心穏やかに過ごしたいという願いをもつことができました。

> 2がっきの どうとくのじかんを とおして，じぶんのなかで
> かわったことが ありますか。
>
> *(手書き)* ならったどうとくのおべんきょうをおもいだして、ならったことをルールをまもってできるようになりました。だれもみていないみたいに、じぶんもやられたらやだからです。

ならったどうとくのおべんきょうをおもいだして、ならったことをルールをまもってできるようになりました。「だれもみていない」みたいに、じぶんもやられたらや（いや）だからです。

所見文例②

「自分が同じことをされたら嫌だな」と自分に置き換えて主人公の気持ちを考えることで、自分自身の生活態度を振り返り、ルールやマナーを守って過ごそうという気持ちが高まりました。

> 2がっきの どうとくのじかんを とおして，じぶんのなかで
> かわったことが ありますか。
>
> *(手書き)* くりのみのうさぎさんみたいになりたいです。きもちがやさしいからです。てんこうしてきたちほちゃんにやさしくこえをかけられるようにできました。

くりのみのうさぎさんみたいになりたいです。きもちがやさしいからです。てんこうしてきたちほちゃんに、やさしくこえをかけられるようにできました。

所見文例③

「くりのみ」のうさぎの言動に共感し、「友達が困っていたら助けてあげたい」という強い思いをもつことができました。仲直りしたときのうれしさ、友達を助けたときの心地よさに気付くことができました。

063

【学習履歴を活用した所見文例】

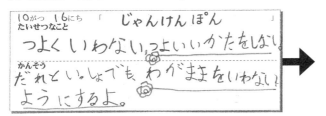

つよくいわない。つよいいいかたをしない。

だれといっしょでも、わがままをいわないようにするよ。

所見文例①
【C 公正、公平、社会正義】
「じゃんけんぽん」の学習を通して、自分も友達も心地よい関係でいるためには、わがままを通したり、強い言い方をしたりしない方がよいことに気付き、友達ともっと仲よく過ごしたいという気持ちが高まりました。

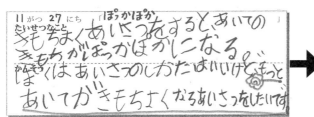

こまっている人のいけんをきいて、できることだけたすけるのがいい。

たくさんどんぐりをたべたはずのきつねさんにくりのみをわけてあげたのがやさしいな。

所見文例②【B 友情、信頼】
「くりのみ」の学習を通して、これからは困っている友達がいたら、「どんなことに困っているかを聞いて、できることだけ手を貸すとよい」という思いやりと気遣いの心をもつことができました。

きもちよくあいさつをすると、あいてのきもちがぽっかぽかになる。

ぼくはあいさつのしかたはいいけど、もっとあいてがきもちよくなるあいさつをしたいです。

所見文例③【B 礼儀】
「ぽっかぽか」の学習では、気持ちのよい挨拶をすると相手の心が温かくなることに気付き、自己満足ではない、相手の気持ちを考えた挨拶やお礼をしようという気持ちが強くなりました。

第3章　OPPAを活用した通知表所見の書き方

第2学年

> 9月6日　「森のみんなと」
> たいせつなこと
> すすんでじぶんのかかりじゃなくてもやる
> かんそう
> すすんで手つだいをしたい。

「森のみんなと」では、「すすんでじぶんのかかりじゃなくてもやる」という記述から、人のためによいと思うことを進んでしたいという気持ちが読み取れた。

> 10月15日　「竹うまと一りん車」
> たいせつなこと
> けんかしたらすぐなかなおりする。
> かんそう
> これからは、人のことを考える。

> 10月27日　「きらきらみずき」
> たいせつなこと
> 友だちをたすける。
> かんそう
> これから人のいいところをみつける

> 11月21日　「ぐみの木と小鳥」
> たいせつなこと
> 人に親切にする。
> かんそう
> 人に親切にしていい気もちにしたい。

「ぐみの木と小鳥」では、「人に親切にしていい気持ちにしたい」や「これからは人のことを考える」という記述から、友達と仲良くするためには相手のことを考えることが大切であることに気づいたことが読み取れる。また、「竹うまと一りん車」では「けんかしたらすぐになかなおりする」という記述から、素直に謝りたいという思いが伝わった。

> 2学きのどうとくのじかんをとおして、じぶんの中でかわったことがありますか。
> すすんで手つだいをできたこと。
> 人のいいことをもっと「きらりん」で言ってみたい。

所見文例

人に親切にすることや、素直に謝ることの大切さに気付きました。今後は、進んでよいことをしたり、友達のことを考えて行動したりしたいという思いをもつことができました。

065

【学期末自己評価を活用した所見文例】

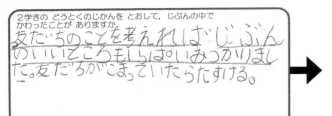

友だちのことを考えればじぶんのいいところもいっぱいみつかりました。友だちがこまっていたらたすける。

所見文例①
友達のことを考えてあげることや、自分のよいところを見つけることの大切さに気付きました。今後は、友達が困っていたら助けたいという思いをもつことができました。

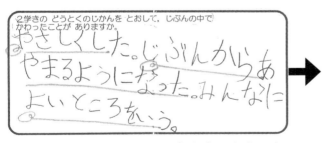

みんなをたいせつにしたり家ぞくも大切にしたりいろいろがんばりました。そしたら友だちがふえたりまま（ママ）がやさしくしてくれました。

所見文例②
進んでみんなのためになることをしたり、人に優しくしたりすることの大切さに気付きました。友達や家族の気持ちを考えて行動しようと意識できるようになりました。

やさしくした。じぶんからあやまるようになった。みんなによいところをいう。

所見文例③
すぐに仲直りすることや、困っている人を助けてあげることの大切さに気付きました。学習を通して、以前よりさらに友達に優しくしたり、自分から謝ったりすることを意識するようになりました。

第3章　OPPAを活用した通知表所見の書き方

【学習履歴を活用した所見文例】

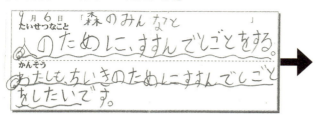

人のために、すすんでしごとをする。
- -
わたしも、ちいきのためにすすんでしごとをしたいです。

所見文例①
【C　勤労、公共の精神】
「森のみんなと」の学習では、人のために進んで仕事をする尊さに気付くことができました。自分の生活にも目を向け、地域の人のためにできることをしたいという思いをもつことができました。

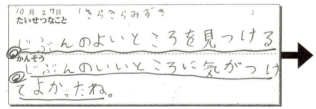

じぶんのよいところを見つける
- -
じぶんのいいところに気がつけてよかったね。

所見文例②【A　個性の伸長】
「きらきらみずき」の学習では、自分のよいところを見つけることの大切さに気付きました。自分のよさに気付いた主人公に深く共感し、励まし応援しようという思いをもつことができました。

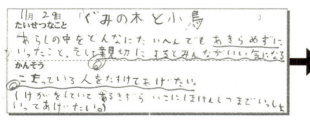

あらしの中をどんなにたいへんでもあきらめずにいったこと。そして親切にするとみんながいい気になる
- -
こまっている人をたすけてあげたい。
（けがをしていてあるきず（づ）らいこにほけんしつまでいっしょ（に）いってあげたい。）

所見文例③
【B　親切、思いやり】
「ぐみの木と小鳥」を学習して、親切にすると周囲の人もうれしくなるということに気付きました。自分にできることから働きかけようという気持ちをもつことができました。

067

第3学年

11月14日「絵葉書と切手」
友だちにふさわしいことをする。
かんそう
わからないことやこまっている時は、友だちだから
たすけ合いをする。

10月12日「新かん線で」
こまっている人がいたらたすける。
親せつは大事
かんそう
たすけあいは大事だと思いました。
新かん線で新聞くれたおじさんにかんしゃしないといけないと思う。

11月29日「わらじ作り」
自分にできることは何か考える。
かんそう
金次郎は、大人のようにはたらけないがお父さんのためにも
がんばろうとする金次郎がすごいとおもいました。

10月24日「しんぱんは自分たちで」
何をいわれてもルールを守る。
かんそう
りょうが人をせめない人だったらけんたもしんぱんをやりやすかった
と思う。

10月15日「心にひびくかねの音」
自分の考えをしっかり伝える
かんそう
アルベルトはただしいせんたくをすることを教会のか
ねで気づいたのはよかったとおもいました。

2学期の道とくの時間を通して、自分の中でかわったことがありますか。
また、そのことについてどう思いますか。
絵葉書と切手を読んで、相手の気もち
を考えるようになりました。相手はいい気もち
になるかいやな気もちになるかはんだんする
ことは大切だと思いました。

「相手の気もちを考えるようになりました」という記述から、友達と仲良くするためには、一緒にいることや仲よく遊ぶだけではなく、相手の気持ちを考えることが大切であることに気付いたことが読み取れる。「いい気もちになるかいやな気もちになるか」と具体的に友達の気持ちを記述している。
また、「はんだんすることは大切」という記述から、状況に応じて、自分で考え、自分で行動しようとする思いが伝わってきた。

所見文例

友達の立場に立って考え、何が友達のためになるか、何をしてあげると喜ぶのかを自分で判断することの大切さに気付きました。また、正しい選択をしようとする気持ちが高まりました。

第3章　OPPAを活用した通知表所見の書き方

【学期末自己評価を活用した所見文例】

> 2学期の道とくの時間を通して、自分の中でかわったことがありますか。
> また、そのことについてどう思いますか。
> 私も、金次郎みたいに人のやくにたちたいなと思いました。自分ができる事をいっぱいしたいと思いました。

所見文例①

みんなのためになることを考え、人のために働くことの大切さに気付きました。また、自分にできることを進んでしようとする気持ちが高まりました。

> 2学期の道とくの時間を通して、自分の中でかわったことがありますか。
> また、そのことについてどう思いますか。
> 何かがあったら、ルールをやぶっていたけど しんぱんは自分たちでやって何があってもルールはルールだからやぶってはいけないということをまなんだ。

所見文例②

ルールを守ることや、友達に公平に接することの大切さに気付き、自分にできることを少しずつやろうとする気持ちが高まりました。

> 2学期の道とくの時間を通して、自分の中でかわったことがありますか。
> また、そのことについてどう思いますか。
> 友だちとしてわるいことやいいことをちゃんと言ってやる。友だちにさそわれたとしてもわるいことやいいことは自分ではんだんする

所見文例③

友達との関係について深く考え、仲良くするだけでなく、間違いを指摘してあげることや、友達に左右されずに自分で考えて行動することの大切さに気付きました。

069

【学習履歴を活用した所見文例】

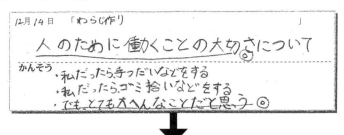

所見文例①【C　勤労、公共の精神】
「わらじ作り」の学習では、主人公の行為に共感し、自分が人のためにできることとして、身近な生活の中でできることから、社会的貢献に至るまで、多くの考えをもつことができました。

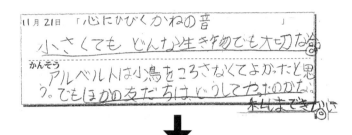

所見文例②【A　善悪の判断、自律、自由と責任】
「心にひびくかねの音」の学習では、どんな生き物であっても命の尊さは同じであることを強く感じることができました。小鳥の命を粗末にしようとする物語の登場人物に疑問を抱き、改めて自分は絶対に命を粗末にしないという意志を表すことができました。

所見文例③【C　公正、公平、社会正義】
「しんぱんは自分たちで」の学習では、実際に自分がその立場になったときのことを深く考え、率直な思いを抱きながらも、相手のよくない行動に対しては勇気をもって伝えることの大切さに気付くことができました。

第3章　OPPAを活用した通知表所見の書き方

第4学年

9月11日「泣いた赤おに　　　　　　　　　　」
友達ってたいせつ。
感想　このお話をよんで、本当に友達て大切だなと思った。

10月4日「友達が泣いている　　　　　　　　」
善悪を正しく判断することはとても大切。
感想　善と悪に分けて、善か悪を考えると悪がけっこういてびっくりした。

10月9日「心の信号機　　　　　　　　　　」
友達や、知り合いに不自由な人がいたらたすける。
感想　おじさんをたすけた「ぼく」はえらいなと思った

10月27日「雨のバスていりゅうじょで　　　」
一人でもきまりやマナーは守る。
感想　きまりや、マナーはなぜあるのかをしっかり考えて一人でもちゃんと決まりやマナーを守れるようにする！！

11月26日「いのりの手　　　　　　　　　」
おたがいの気持を考える。
感想　はなれていてもおたがいの気持ちは1つになっている。だから友達はささえあってくれる。

12月11日「え、どうして　　　　　　　　」
状況を判断し必要な時には公平にせっする
感想　人によって決めてしまうのはよくないと思ったけど、このべんきょうをしてぎゃくに決めてしまうがいを考えるのがおもしろい。

2学期の道徳の時間を通して、自分の中でかわったことがありますか。
また、そのことについてどう思いますか。
1番心に残っているのは「友達が泣いている」です。善悪を正しくはんだんするのをがんばりました。また「心の信号機」をやったあとはいつもこまっている人がいないかかくにんしていたらたすけてあげようと考えています。

「友達が泣いている」の授業では、泣いている友人に対して、様々な対応をする人物が登場する。その対応をよいもの、よくないもの、判断が難しいものに分類しながら、より相手のためになるような対応とは何かを考えることができた。

「善悪を正しくはんだんするのをがんばりました」という記述から、状況を把握したうえで、自分がどう行動すべきなのかを考えようとする姿勢が身に付いたと評価できる。また、「こまっている人がいないかかくにんして、いたらたすけてあげよう」という記述から、どうすべきなのか考えるだけでなく、それを行動に移そうという気持ちも感じられた。

所見文例

相手のことを考え、善悪を正しく判断することの大切さを理解するとともに、よりよい行動をするためにはどうすべきかを考えることができました。

【学期末自己評価を活用した所見文例】

> 2学期の道徳の時間を通して、自分の中でかわったことがありますか。
> また、そのことについてどう思いますか。
>
> 全体をとおして正しいことをやる勇気、外にあるマナーを自分にする
> 友は信らいできる おち着いて考える おたがい行動をとるといろこと
> が体に入った。
> このことで 自分の考えで 前に行けるようになった。

⬇

所見文例①

2学期の学習を通して、正しいことをする勇気、落ち着いて行動することの大切さなどを学び、自分の考えで行動することができるようになりました。

> 2学期の道徳の時間を通して、自分の中でかわったことがありますか。
> また、そのことについてどう思いますか。
>
> わたしが道とくのじゅ業を受けて雨のバスていりゅう所では
> まえはよこはいりなどしていたひとのことをわるく強くいって
> しまいましたが わけがあって やっているのではないのでやさ
> しくいおうと思いました

⬇

所見文例②

マナーを守ろうとするだけでなく、守れない人の気持ちを察し、どう声をかけるとよいかを考えることができました。

> 2学期の道徳の時間を通して、自分の中でかわったことがありますか。
> また、そのことについてどう思いますか。
>
> 2学期は、人との関わりかたとか「人」に関係する
> ことをたくさん学習して、いろんな人と、ただしく接する
> ことができるようになりました。3学期も、学習した
> ことを、行動できるように がんばります。

⬇

所見文例③

人とのつながりを考える題材を通して、よりよく人と関わっていくにはどうすればよいのかを考えることができました。

072

第3章 OPPAを活用した通知表所見の書き方

【学習履歴を活用した所見文例】

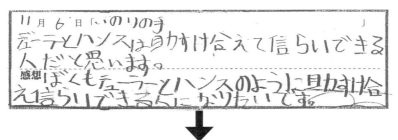

所見文例①【B　友情、信頼】
「いのりの手」の学習では、本当の友達とは、助け合えることができ、信頼することができる人だと気付くことができました。

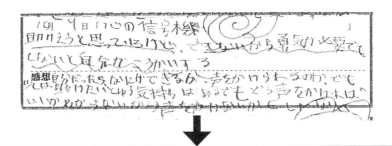

所見文例②【B　親切、思いやり】
「心の信号機」の学習では、自分だったら何ができるかという素直な思いを抱きながらも、勇気を出して助けることの大切さに気付くことができました。

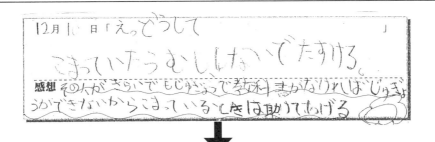

所見文例③【C　公正、公平、社会正義】
「えっ、どうして」の学習では、相手によって思っていることや考えていることは様々でも、差別せずに公平に接することの大切さに気付くことができました。

第5学年

五月十日 「もったいない」
自然を大切にする。
感想 ぼくたちもできることならかたづかいをせず、せつ約し、自然を大切にしたいです。

五月十七日 「お客様」
きまりを守る。
感想 男の人がそもそもあのようなことをしなければいいと思った。これからルールを守りたい。

6月14日 「心の中のりゅう」
やさしい心をわすれないようにする
感想 自分にも心の中にりゅうがいると考えて人にやさしくする。

6月21日 「台湾からの転入生」
人の気持ちを考えおもいやりを大切にする
感想 自分がもし、同じ立場になった場合、前言ってしまったことをあやまりたい。おもいやりが良くわかった。

6月28日 「世界にはばたく航平ノート」
あきらめずやりとげる
感想 自分もあきらめずがんばりたい

7月4日 「言葉のおくりもの」
あの人がいるからいっしょになろうではなくみんなで協力する。
感想 言葉のおくりものを読み、友達との新せつさを大切にこれからもしたい。みんなで協力してすごしたいです

1学期の道徳の時間を通して、自分の中でかわったことがありますか。また、そのことについてどう思いますか。
道徳の勉強を通して、人の気持ちを考える気持ちがより良くなった。自分も周りの人にあわせるのではなく、今までの倍はがんばらなくてはいけないという気持ちがました。

「台湾からの転入生」では、立場が違う人を自分の発言で傷つけてしまったのなら素直に謝りたい、思いやりを大切にしたいという記述から、人の気持ちを考え、行動することの大切さを実感したことが読み取れる。

1学期の勉強を通して、「人の気持ちを考える気持ちがより良くなった」という思いを大切に評価したい。また、「周りの人に合わせるのではなく、今までの倍はがんばらなくてはいけない」という言葉から、自分の気持ちを大切に頑張ろうとする強い意志を感じることができた。

所見文例

人の気持ちを考えることの大切さに気付きました。また、周りに合わせるのではなく、自分自身が今まで以上に頑張ろうという気持ちをもつことができました。

第3章　OPPAを活用した通知表所見の書き方

【学期末自己評価を活用した所見文例】

> 2学期の道徳の時間を通して、自分の中でかわったことがありますか。
> また、そのことについてどう思いますか。
>
> *(手書き)* いろいろな面から見たりいろいろなことを考えないと、あいてがきずついたりかんちがいされることがあるかもしれないと考えて大成だけどいあいてや自分にとってはいいかもしれない

↓

所見文例①

友達との関係の中で、自分の思いだけでなく相手の思いについても考え、どう関わっていけばよいかということについて見つめ直すことができました。

> 2学期の道徳の時間を通して、自分の中でかわったことがありますか。
> また、そのことについてどう思いますか。
>
> *(手書き)* 命を大切にする。命は、一人一個なので絶対にむだにしないようにする。

↓

所見文例②

命の大切さについて見つめ直し、その大切さに気付くとともに、今後の生活に生かしていこうとする気持ちを高めることができました。

> 2学期の道徳の時間を通して、自分の中でかわったことがありますか。
> また、そのことについてどう思いますか。
>
> *(手書き)* 自分の行いについて考えが変わった だれかのためになにかをすることはとても大事だと思った 自分の役わりに責任をもってる生徒会 選挙に望みたいです

↓

所見文例③

誰かのために行動することは、自分のためにもつながるということに気付くとともに、自分の責任を果たしていこうとする意欲を一層高めることができました。

【学習履歴を活用した所見文例】

> 10月9日 「日本のまんがの神様 」
> ⓐ自分の長所はしょうらいにつながる
> 感想
> 自分の長所をきくのは、はずかしかったけど、その長所を大切にしたいと思った。

⬇

所見文例① 【A　個性の伸長】

「日本の『まんがの神様』」の学習では、自分の長所を友達から聞くことで、自己を見つめ直し、長所を伸ばしていくことが自分の将来につながるということに気付くことができました。

> 11月15日 「 この思いをフェルトペンにたくして 」
> お金をもらったり、家計を支えたりするだけでなく、だれかの役に立てるようにがんばりたい。
> 感想
> しんさいの中でも筆者さんは新聞を書けて、すごいと思った。し、自分も行動ができるようにがんばりたいと思った。

⬇

所見文例② 【C　勤労、公共の精神】

「この思いをフェルトペンにたくして」の学習では、働くということは誰かの役に立つという役割もあるということに気付き、自らも周りの人のために行動していこうと決意することができました。

> 12月4日 「二十分間の出来事 」
> 命を大切にして出来れば人の命を守る。
> 感想
> 人はぜったいにやなことが起こるのでそれで自殺とか考えないで命を大切にして生きていきたいです。

⬇

所見文例③ 【D　生命の尊さ】

「二十分間の出来事」の学習では、命の大切さについて見つめ直し、その気付きを今後の生活に生かしていこうとする気持ちを高めることができました。

第3章　OPPAを活用した通知表所見の書き方

第6学年

4月18日「お別れ会　　　　　　　　　　　　」
相手にしっかりかくにんすること。
感想　もうちょっと、やさしくしてくれてもいいと思った。

5月22日「どんな○が見えますか　　　　　　」
・一人一人がルールを守らなければいろんな人にめいわくがかかる。
感想　・町の中にあるいろんなルールを守りたい。

5月30日「ホワイトハウスにできた柔道場　　」
・山下さんは英語を勉強してまで柔道を世界に広めたかったと思うと、とてもすごいと思った。
感想　・私も日本の伝統的な文化を外国人に教えてあげたい。

6月6日「チョモランマ清掃登山隊　　　　　」
・母国の山だけじゃなく他国の山も清掃するなんてすごくいい人だなと思った。外、富士山があんなにきたないとは思わなかった。
感想　・ゴミを捨てないで、拾う。
　　　・これ以上自然をこわさないように守っていきたい！

「チョモランマ清掃登山隊」では、自然環境を守る活動を知ったことで、これからの自分の行いを考えようという思いが生まれた。
また、「他国の山も清掃するなんてすごくいい人だな」という言葉から、自分の周りの環境だけではなく、広く自然環境を大切に保護し、持続可能な社会の実現に努めたいという思いが読み取れる。

6月13日「古きよき心　　　　　　　　　　」
いつも日本であたりまえに生活していると気づかない、日本人のすばらしい心が再発見できた！
感想　・これからも他の人に親切にしたい。

6月18日「その思いを受けついで　　　　　　」
・命は生き物が生きていくうえでのすべてのもと。
感想　・おじいちゃんの思いは大ちゃんへの感謝だと思った。

1学期の道徳の時間を通して、自分の中でかわったことがありますか。また、そのことについてどう思いますか。
・クラス、学校、社会に対しての、考え方そのものが変わった。公共心をもって社会にでれるようになりたい。

「考え方そのものが変わった」という自己評価から、自分の成長を自覚している様子が感じ取れる。「公共心をもって社会にでれるようになりたい」という思いを評価したい。

所見文例

1学期の道徳の学習を通して、公共心をもつことの大切さに気付くことができました。学校や社会に対して役に立とうとする思いが高まっています。

【学期末自己評価を活用した所見文例】

> 1学期の道徳の時間を通して、自分の中でかわったことがありますか。
> また、そのことについてどう思いますか。
>
> ・クラス・学校・社会に対しての、考え方そのものが
> 変わった。公共心をもって社会に出れるようにな
> りたい。

↓

所見文例①

1学期の道徳の学習を通して、公共心をもつことの大切さに気付くことができ、学校や社会に対して役に立とうとする思いが高まってきています。

> 2学期の道徳の時間を通して、自分の中でかわったことがありますか。
> また、そのことについてどう思いますか。
>
> 人を信じたり、優しくふるまったりと、人と良く
> 関わるようになった。

↓

所見文例②

2学期の道徳の学習を通して、ほかの人と良好な関係を築くためには、信じることや優しく接することが大切なことであると気付くことができました。

> 2学期の道徳の時間を通して、自分の中でかわったことがありますか。
> また、そのことについてどう思いますか。
>
> 自分の気持ちを大切にしたいと思いました。感謝の気持ちわ
> すれないようにしたいと思いました。
> 前よりも、やさしい気持ちや、命を大切にすることを学習することがで
> きたので良かったです。

↓

所見文例③

2学期の道徳の学習を通して、「自分の気持ちを大切にして全力で取り組む」「家族への感謝の気持ちをもつ」「友達を信じる」という思いをもつことができました。

第 3 章　OPPA を活用した通知表所見の書き方

【学習履歴を活用した所見文例】

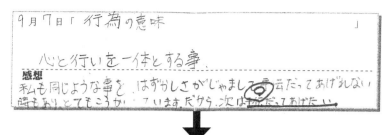

↓

所見文例①【B　親切、思いやり】
「行為の意味」の学習を通して、自分の経験を振り返りながら「心」と「行い」を一体とすることの大切さを理解し、実践していきたいという思いをもつことができました。

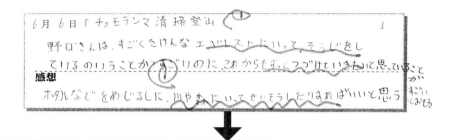

↓

所見文例②【D　自然愛護】
「チョモランマ清掃登山隊」の学習では、環境を守ることの大切さに気付き、身の回りの自然環境を守ろうとする心情が育ってきています。

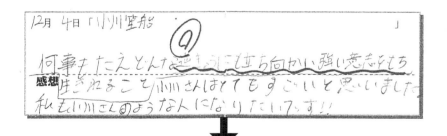

↓

所見文例③【D　よりよく生きる喜び】
「小川笙船」の学習を通して、どんなに大変な状況でも弱い心に負けないで取り組んだ小川笙船の生き方に共感し、自分もそうありたいという思いを深めることができました。

◀5▶ 学習前後の考え、その比較による自己評価を活用した所見文例

【第1学年】

【はじめ】
☆ともだちと なかよくするためには、どうしたらよいですか。
やさしくする やさしくこえをかけたあげる。

【おわり】
☆ともだちと なかよくするためには、どうしたらよいですか。
・人の気もちをかんがえてあげる。・年下の子のことやさしくする。・おれいをしっかりする ・人にゆもかんがえてゆれたあげる。・ルールをまもる。 とわまもる。・人のものをさわらない。

【はじめと おわりを くらべて】
☆がくしゅうの はじめと おわりの ないようを くらべて、かわったところが ありますか。
はじめは、"やさしくする"だけだったけど どうとくのべんきょうをしてだんだんたいせつなとがわかってふえました。どうとくのおはなしをきいてたくさんかんがえたからです。じぶんが すごいとおもいました。人にやさしく人のきもちもかんがえられるようになりました。けんかもあんまりしなくなってうれしいよ。もっとともだちとなかよくなりたいな。

【家庭から】

1学期	あいさつができるようになってよかったね。2がっきもがんばってね。
2学期	ともだちとのかかわりがふえて、いいこともいやなこともたくさんあったね。でもやさしくされるとうれしいから、じぶんもおともだちをたいせつにしようね。3がっきもがんばってね。
3学期	どうとくのじゅぎょうをつうじて、大せつなことをたくさん学ぶことができましたね。これからも友だちを大せつにして、たのしくすごしてね。

080

第3章 OPPAを活用した通知表所見の書き方

　学習前は、「ともだちとなかよくするためには、どうしたらよいですか」の問いに対して、「やさしくする」「やさしくこえをかけてあげる」というように、自分から友達へのアプローチとしての「優しさ」に触れる記述が二つあった。
　学習後は、学習前と同じ「やさしくする」の他、「あいさつをしっかりする」「おれいをしっかりする」「人の気もちをかんがえてあげる」など、数も増え、内容もより具体的なものになっている。また、友達とのよりよい関係を築いていくためには、自分の気持ちの表出や発信だけでなく、相手の気持ちも考え、察することの大切さや、コミュニケーションを行う上での基本的な礼儀やマナーの必要性にも気付くことができている。さらに、「ルールをまもる」「人にいわれたことはまもる」などの記述から、相手に迷惑をかけたり自分のわがままを通したりしない方がよいという、1年生なりの視点の広がりも見られた。

　1年生は、「字が上手になった」「たくさん書けるようになった」など視覚的な変容に着目しがちなので、内容の変容に気付くことができるよう、学期末自己評価を生かしながら、「1年間の道徳の学習を通して変わったところはありますか」という問いかけもあわせて行った。
　そのため、「はじめは『やさしくする』だけだったけど、…（内容が）ふえました」「人にやさしく、人のきもちもかんがえられるようになりました」などの記述が見られ、自分自身の変容に気付くことができた。さらに、「道徳のいろいろなお話が自分を変えた」という根拠や、変わった自分に対して「すごい」「けんかもあんまりしなくなってうれしいよ」という感想や喜びなども記述し、そのことが、もっと友達と仲良くなりたい、友達を増やしていきたいという意欲や希望に結び付いたと考える。

所見文例

友達との関わりの中で、「人に優しく、人の気持ちを考える」「挨拶やお礼をする」などの大切さに気付き、実践しながら、友達ともっと仲良くしていきたいという思いをもつことができました。

※所見文例の敬体を常体に変えることで、指導要録の道徳所見とすることができる。

【はじめ】

☆ともだちと なかよくするためには、どうしたらよいですか。

かたをたたいて あそぼっている。

【おわり】

☆ともだちと なかよくするためには、どうしたらよいですか。
- 人のはなしをきく
- あいての気もちをかんがえる
- だれにでも やさしくする
- すねたりうそをついたりしない。
- 人のちゅういをきく
- 大きなこえであいさつをする。
- しょうじきにいう。
- やくそくはやぶらない。
- 人のものをかるまえにきく。

【はじめと おわりを くらべて】

☆がくしゅうの はじめと おわりの ないようを くらべて、かわったところが ありますか。

人の気もちをいっぱいかんがえられるようになった。ともだちがいっぱいできた。はしの上のおおかみのおべんきょうをしてだれにでもやさしくしたから、いっぱいともだちができました。2年生になっても、ともだちがいっぱいできるようになりたいです。

所見文例

「人の気持ちをたくさん考えられるようになった」「誰にでも優しくしたから友達がたくさんできた」と、自分の心の変化と成長に気付くことができました。

【はじめ】

☆ともだちと なかよくするためには、どうしたらよいですか。

いっしょに あそぶ。

【おわり】

☆ともだちと なかよくするためには、どうしたらよいですか。
- だれにでも しんせつにすること。
- やさしく こえを かけてあげること。
- すききらいをしないで がまんすること。
- めいわくを かけない。

【はじめと おわりを くらべて】

☆がくしゅうの はじめと おわりの ないようを くらべて、かわったところが ありますか。

まえは じぶんから こえを かけられなかったけど いまは じぶんから ともだちに こえを かけたり、やさしく したりして ともだちが たくさん できました。とても うれしいです。

所見文例

受け身で待っているだけでは友達ができないことに気付き、自ら友達に声をかけたり優しくしたりすることによって友達を増やすことができました。そして、友達と仲良くできたことの喜びを味わうことができました。

第3章 OPPAを活用した通知表所見の書き方

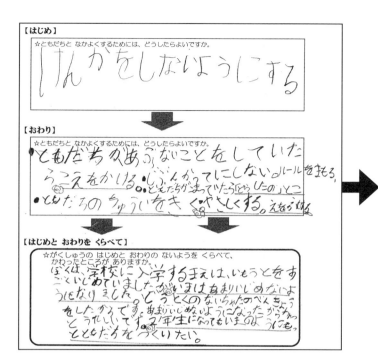

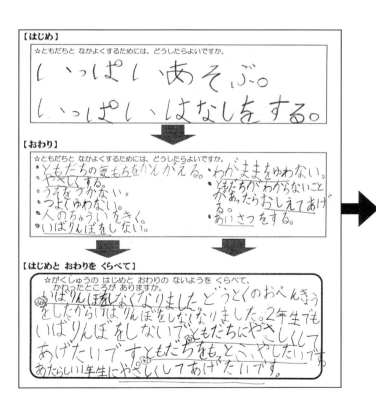

第2学年

【はじめ】

☆友だちとなかよくするために、大切なことはなんですか。

- いいところを言う。・「いっしょにあそぼ」っていったあげる。・ちゅういをする。・ちゅういをきく。・「すごいね」と言う。

【おわり】

☆友だちとなかよくするために、大切なことはなんですか。

- いっしょにあそぶ。やさしくする。あいてのことを考える。
- こまっているときは、たすけてあげる。すすんで声をかける。
- いいところを、みつけて言う。
- ありがとうの気もちを、もつ。

【はじめと おわりを くらべて】

☆学しゅうの はじめと おわりの ないようを くらべて、かわった ところが ありますか。

- まえより 自分からすすんで、声をかけるようになった。
- 友だちがこまっているとき たすけるようになった。
- あい手の気もちをよく考えるようになった。
- 正しくないことを しないようになった。
- きまりを、ぜったいまもるようになった。
- ありがとうの気もちをもつようになった。
- まえ、より、友だちと、なかよくなれるようになった。

【家庭から】

1学期	こえをかけあって、おともだちとなかよくあそぶことができたね。ひとのきもちをおもいやる、やさしいきもちがそだっていることがわかりました。
2学期	親切にしたり、やさしくせっするのは大切なことですね。家ぞくでも こえをかけあっていきたいです。
3学期	ひなちゃんの心にあいてのことを考える やさしい気持ちが育っていることが伝わってきました。いつも かぞくに おてつだいやことばで ありがとうを くれるのがうれしいです。

084

第3章　OPPAを活用した通知表所見の書き方

「友だちとなかよくするために、大切なことはなんですか」という問いに対し、学習前は、「（友達の）いいところを言う」「ちゅういをする」「ちゅういをきく」と記述していた。

学習後は、「やさしくする」「あい手のことを考える」「こまっているときは、たすけてあげる」「すすんで声をかける」「いいところを見つけて言う」「ありがとうの気もちをもつ」というように、具体的な内容が増えた。

記入前に、OPPシートの学期末自己評価の部分を読み返したことで、これらの項目が増えたものと思われる。例えば、「公園のおにごっこ」で「あい手のことを考える」ことを学習したり、「きつねとぶどう」で「ありがとうの気もちを伝える」ことを学習したりしたことが、年度末の振り返りにつながったものと思われる。

学習前と学習後の比較の欄には、自分の変容がたくさん書かれていた。例えば、「まえより自分からすすんで声をかけるようになった」「友だちがこまっているとき、たすけるようになった」「あい手の気もちをよく考えるようになった」「正しくないことをしないようにした」「きまりをぜったいまもるようになった」「ありがとうの気もちをもつようになった」などである。これらの実践を通して、以前よりも友達と仲良くなったことを自分でも実感することができた。

OPPシートをもう一度読み返し、1年間の振り返りをしたことで、このようにたくさん書くことができたものと考えられる。

> **所見文例**
> 友達と仲良くするために、相手のことを考えることや、感謝の気持ちをもつことなどが大切であることに気付くことができました。さらに、それらのことを実践し、成長した自分にも気付くことができました。

※所見文例の敬体を常体に変えることで、指導要録の道徳所見とすることができる。

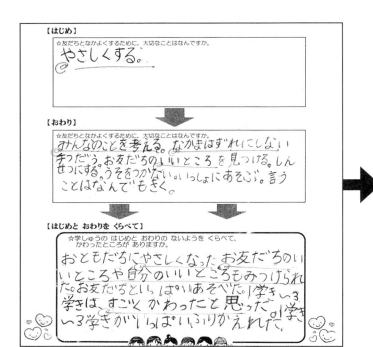

所見文例
友達と仲良くするためには、みんなのことを考えたり、友達のよいところを見つけたりすることが大切であることに気付くことができました。また、それらを実践したことによる自分の成長を感じていました。

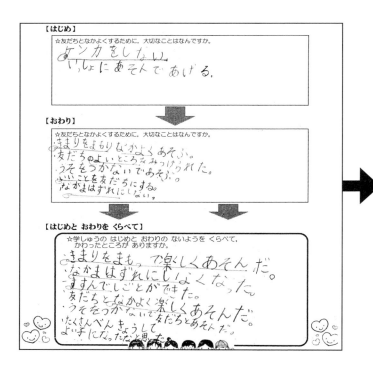

所見文例
友達と仲良くするためには、友達のよいところを見つけたり、きまりを守ったりすることが大切であることに気付くことができました。さらに、友達と仲良くなったことを自分でも実感することができました。

第3章　OPPAを活用した通知表所見の書き方

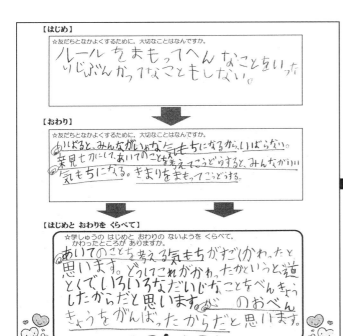

所見文例

相手に親切にしたり、相手のことを考えて行動したりすると、みんながいい気持ちになれるということに気付くことができました。相手のことを考えながら行動しようという思いを強くもつことができました。

所見文例

人に親切にすることで、相手と自分だけでなく、みんながよい気持ちになるということに気付くことができました。また、それを実践できるようになった自分の成長を感じることができました。

087

第3学年

【学習前】

☆クラスできょうりょくしてすごすために、大切なことは何ですか。
- 友だちが困っていたら助けてあげる。
- 自分かってにしゃべらないようにする。

【学習後】

☆クラスできょうりょくしてすごすために、大切なことは何ですか。
- 友だちにいけないことは しょうじきに「だめ」という。
- 信じる。 ・助けあう。 ・大切にする。
- 友だちとくだらないけんかはしない。
- 自分から進んで行動する。

【学習前・後をくらべて…】

☆学習前と学習後の内ようをくらべて、ちがうところがありますか。そのちがいは、どうしてできたと思いますか。

[自分でかわったこと]
- ◎人のことを大切にする気持ちが強くなった。
- ◎進んで行動するようになった

- わらじ作りで「人が困っていたら助ける」と書いてあったので、その大切さを知ったから。
- 絵葉書とも刀手で信じ合うということをかいて心にのこったので書きました。

【家庭から】

1学期	きちんと伝えなくてはいけないこと。それがみんなのために言うことだと、少しむずかしいのかもしれませんが、それに気づく第1歩をふみだせたと思いました。自信をもって伝えてください！
2学期	困っている人がいたら手を貸してあげる。それが自然にできるようになってほしいと思います。友達や親以外であっても、そうあってほしいです。
3学期	助けあう、信じる、約束を守る、自分が言われていやなことは言わない。これから大きくなっていく時に、とても大切なことになります。むずかしいこともあるけれど、友達にも家族にも そうあってほしいと思います。

第3章　OPPAを活用した通知表所見の書き方

「クラスできょうりょくしてすごすために、大切なことは何ですか」という問いに対し、学習前は、「友だちが困っていたら助けてあげる」「自分かってにしゃべらないようにする」と記述していた。

学習後は、「友だちのいけないことは、しょうじきに『だめ』という」「信じる」「助けあう」「友だちとくだらないけんかはしない」「大切にする」「自分から進んで行動する」というように、具体的な内容が増えた。

学期末の記述から、「あとひと言」では「いけないことは注意する」こと、「絵葉書と切手」では「友だちを信じる」こと、「ぽかぽか言葉」では「自分が言われてうれしくなる言葉を使う」ことなどの学習履歴を振り返ることができたからだと考えられる。

学習前と学習後の比較の欄には、自分の変容を大きく二つあげている。一つは「人のことを大切にする気持ちが強くなった」ことである。その理由を「わらじ作りで、人が困っていたら助けると書いてあったので、その大切さを知ったから」と記述している。もう一つは、「進んで行動する」ことである。その理由を「『絵葉書と切手』で信じ合うということをかいて心にのこったので」と記述している。

年度末には、OPPシート全体の記述を振り返った後で、テーマについての学習後の考えを記述するようにした。学習後の記述について「なぜ、その考えが生まれたのか」と問いかけることによって、今の自分を見つめ直すことができたのではないかと考える。自分の変容について的確に記述できていることが読み取れた。

所見文例

クラスで協力して過ごすためには、友達を信じて大切にすることや、クラスのために自分にできることを進んで行うことが大切だと気付きました。

※所見文例の敬体を常体に変えることで、指導要録の道徳所見とすることができる。

089

【学習前】
☆クラスできょうりょくしてすごすために、大切なことは何ですか。
・助けあう。
・友だちの気持ちになってみる。
・しんらいしあう。

【学習後】
☆クラスできょうりょくしてすごすために、大切なことは何ですか。
・助けあう。・しんらいしあう。・意見を言い出し合う。
・友だちの気持ちを考える。・信じ合う。
・大切なことを教えあう。
・正しいと思ったことをすぐに行動にうつす。
・自分になにができるか考える。・校そくをきちんと守る。

【学習前・後をくらべて…】
☆学習前と学習後の内ようをくらべて、ちがうところがありますか。そのちがいは、どうしてできたと思いますか。
学習前は、クラスで協力してすごすために大切なことを考えてもあまりおもいつかなかったけど、3学期まで道とくをやってきたので、色々なことを考えられるようになりました。その中でも正しいと思ったことを行動にうつし、勇気を持って自分の気持ちを伝えるなど、学習後の協力してごすために大切なことに書いてあることがとくに大切だと思いました。

所見文例
クラスで協力して過ごすためには、正しいと思ったことを行動に移すことや、勇気をもって自分の気持ちを相手に伝えることが大切だと気付きました。

【学習前】
☆クラスできょうりょくしてすごすために、大切なことは何ですか。
・ともだちとなかよくすること。
・ともだちとけんかしてもなかなおりすること。

【学習後】
☆クラスできょうりょくしてすごすために、大切なことは何ですか。
・きまりをまもってすごす。
・自分がちがうと思ったことをはっきりという。
・言葉づかいをよくする。
・人と人をたすけ合う。

【学習前・後をくらべて…】
☆学習前と学習後の内ようをくらべて、ちがうところがありますか。そのちがいは、どうしてできたと思いますか。
学習する前は、2つのことしかかけなかった。学習したあとは4つのことをかけて、その理由はみんなのことがすこしずつわかってきて、みんなにちょっとやさしくできました。

所見文例
クラスで協力して過ごすためには、きまりを守ることや自分の気持ちを伝えることが大切だと気付きました。また、友達に優しくしようとする気持ちが高まりました。

第3章　OPPAを活用した通知表所見の書き方

【学習前】
☆クラスできょうりょくしてすごすために、大切なことは何ですか。
きょうりょくしたら友だちもたくさんふえるから楽しくなる。

【学習後】
☆クラスできょうりょくしてすごすために、大切なことは何ですか。
・友だちの意見をしっかり、自分の意見もしっかり言う。
・あぶない事は注意する。てん校生にもやさしくする。
・だれにでもやさしくする。・言えない事も勇気をだす。
・物が落ちていたらちゃんと拾う。

【学習前・後をくらべて…】
☆学習前と学習後の内ようをくらべて、ちがうところがありますか。そのちがいは、どうしてできたと思いますか。
道とくの時間で、学習前は一つしかかけなかったけど学習後は六つもかけたので、これからもたくさん考えてみたいです。ほかにもしらない人にもやさしくしたいです。

所見文例
誰にでも優しく接するとともに、言いにくいことも勇気を出して注意することが大切だと気付きました。また、自分の考えをもち、それを相手にしっかり伝えるという思いをもつことができました。

【学習前】
☆クラスできょうりょくしてすごすために、大切なことは何ですか。
・自分のすきかってにしない

【学習後】
☆クラスできょうりょくしてすごすために、大切なことは何ですか。
・自分のすきかってにしないこと
・人に親切にすること
・人にやさしくすること
・友だちのことを考えて、助け合うこと

【学習前・後をくらべて…】
☆学習前と学習後の内ようをくらべて、ちがうところがありますか。そのちがいは、どうしてできたと思いますか。
学習前は、自分のことしか考えてなかったけれど、学習後は、相手のためにどうするかと考えてあるところがちがった。そのちがいは、道とくの学習をたくさんしたからだと思う。

所見文例
クラスで協力して過ごすためには、自分のことだけ考えるのではなく、常に相手の立場に立って考えながら、優しくしたり助けたりすることが大切だと気付きました。

091

第4学年

【学習前】

☆ 協力して生活するために、大切なことは何ですか。

友達がいやがることをしない

【学習後】

☆ 協力して生活するために、大切なことは何ですか。

・自分がこまっている時に友達が声をかけてくれる友達がこまっている時に自分が声をかける助け合いが大切だとわかりました。
・友達がいやなことをしてきてもがっかってならないで「どうしてそんなことするの」ときけば自分のせいだったら「ごめんなさい」と言えば友達も自分もちがうことがいやなんだっとわかって成長するのが協力だとおもいます。

【学習前・後の比較】

☆ 学習前と学習後の内容を比べて、違うところがありますか。
  その違いができたのは、なぜだと思いますか。

学習前は協力して生活するために大切なことなんてわからなかったけど学習後は協力するにはなれをすればいいんだなとかすればいいんだなとしわかりました。自分だったらと思いながら道徳をしたのがよかったんだと思います。

【家庭から】

1学期	道徳の授業をとおして人の気持ちがわかり考えて行動できるようになればいいなと思います。　母
2学期	道徳のお陰か思いやりの気持ちが育っているかなと思うことが多くなりました。このまま成長してほしいと思います。　母
3学期	自分でできるせいっぱいの言葉にとても感動しました。人それぞれの良い所も悪い所も気付けるよう成長してほしいです。　母

第３章　OPPAを活用した通知表所見の書き方

　学習前の記述は、「友達がいやがることをしない」のみであった。３年生から進級したばかりの頃は、一対一の親切の意識は育っていても、まだ集団に対する意識は育っていなかったと思われる。学習後には、「自分がこまっている時に友達が声をかけてくれる、友達がこまっている時に自分が声をかける。助け合いが大切だとわかりました」といった記述から、集団内における互助の気持ちが育ったと考えられる。
　また、「『どうしてそんなことをするの』と聞けば、自分のせいだったら『ごめんなさい』と言えば、友達も自分も『こういうことがいやなんだ』とわかって成長するのが協力だとおもいます」という記述から、集団における協力について考えをまとめることができた。１年間の学習により、学級などの小単位の集団に対する協調性や互助精神を身に付けることができたと考えられる。

　学習前は、「協力して生活する」ということに対するイメージがわかず、何となく思い付いた一般的な内容を記述していたが、学習後には、協力するために必要なことが、いくつも頭に浮かぶようになった。年間を通してOPPシートを記述し続け、学習内容がしっかり本人に定着してきたためだと考えられる。
　最も大切なことは、道徳の学習に対し「自分だったらどうするか」という気持ちで臨むようになったことである。今までは遠くの話や知らない国の話、というイメージで聞いていたものが、今年度の学習を通して、自分ならどうするか、自分がこの場にいたらどのようにふるまうかというように、自分に置き換えることができるようになった。

所見文例

協力して生活するためには、お互いに声を掛け合い、助け合うことが大切だということに気付くことができました。また、自分だったらどう行動するか、考えながら生活することができるようになりました。

※所見文例の敬体を常体に変えることで、指導要録の道徳所見とすることができる。

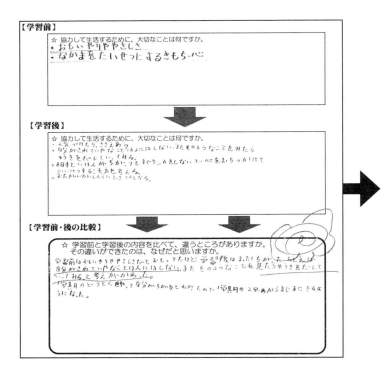

第3章　OPPAを活用した通知表所見の書き方

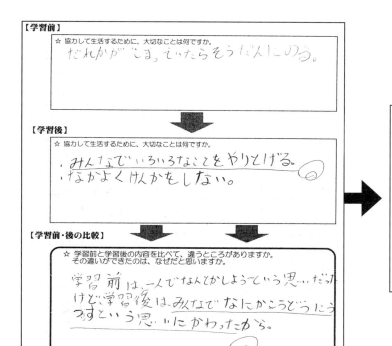

第5学年

【学習前】
☆自分で考えて行動するために、大切なことはなんですか。

責任もつ。本当にあっているか、考える。勇気をもつ。
優しさをもつ。とにかく行動してみる

【学習後】
☆自分で考えて行動するために、大切なことはなんですか。

自分で行動することにあたって責任をもち、
その行動が正しいのかを考える

【学習前・後の比較】
☆学習前と学習後の内容を比べて、違うところがありますか。
　その違いは、どうしてできたと思いますか。

自分の中で、とにかくやってみるという考えは今考えてみたらちがったかもしれないとおもった。その行動をとったあと、どのようになるのか、そもそもその行動が本当に正しいのかをしっかりと考えたうえで行動するんだと学習して思った。(ただたんに行動しないでしっかり考える)その変化はたぶん「自由ってなんだろう」という学習で自由(自分で考えて行動すること)はなんでもかんでも、すきかってにやるっていうのはちがうかもしれない。その学習でおもったから

【家庭から】

1学期	自分の気持ちに正直に、周りへの感謝、助けあいの気持ちを大切に、進んでほしいです。
2学期	何事にも前向きにチャレンジしてほしいです。つまずいてもそこから立ち上がることができる人になってほしいです。
3学期	相手の立場にたって物事を考える。・自分の行動に責任を持ち、その行動が正しいのかを考える。このことは、生きていくうえで、すごく大切で難しいことだと思います。でも常に、このことを頭の片すみに入れておいてほしいです。行動が正しくないと思ったときは、一度立ち止まり振り返り、改たな気持ちで、また進んでほしいです。

これらのことに気づけたことはすごい!!と思います!

第3章　OPPAを活用した通知表所見の書き方

5学年の「自分で考えて行動するために、大切なことはなんですか」という問いに対し、学習前は「勇気をもつ」「優しさをもつ」という自分の気持ちの必要性を挙げていた。そして、「本当にあっているか考える」とともに「とにかく行動してみる」ことが大切だと考えていた。

学習後には「自分で行動することにあたって責任をもち、その行動が正しいのかを考える」と一文にまとめている。

OPPシートの記述などから「言葉のおくりもの」「森の絵」「おもしろければいいの」「わたしはひろがる」などの学習を通して、自分で考えて行動するためには、自分の行動に対して責任をもつことと同時に、その責任が本当に正しいのかを考えることが一番大切であるというように、考え方が変容したことがうかがえる。

「自由とは何か」を考えた授業の中で、自由とは何でもかんでも好き勝手にやることではなく、自分で考えて行動することだということに気付くことができた。その学習が、「自分の中で、とにかくやってみるという考えは、今考えてみたら違ったかもしれないと思った」という振り返りにつながったと思われる。1年間の道徳の学習を通して、学習前に思っていた自分の考えが違っていたかもしれないことに気付くことができた。

さらに、自分のとった行動のその後についても考えることができるようになった。その行動をとったあと、自分の中で「どのようになるか」「それが正しいのか」を考えることの必要性に気付くことができたと考えられる。

所見文例

自分の行動に責任をもつとともに、自分の行動を冷静に振り返ってみることも大切だということに気付き、これまでの自分を見つめ直すことができました。また、事後を考えて慎重に行動しようとする気持ちを高めることができました。

※所見文例の敬体を常体に変えることで、指導要録の道徳所見とすることができる。

097

【学習前】
☆自分で考えて行動するために，大切なことはなんですか。
・命を大切にする

【学習後】
☆自分で考えて行動するために，大切なことはなんですか。
・他人のこともしっかりと考えて，行動する。
・相手がどのように思っているのかを，考える。
・感謝の気持ちをわすれない
・発信する情報が他人をきずつけないかしっかりと考える。
・自分が今，できること，他の人を助けることは，積極的にやる。

【学習前・後の比較】
☆学習前と学習後の内容を比べて，違うところがありますか。
　その違いは，どうしてできたと思いますか。
学習前は、自分の命のことしか考えていなかったけど、学習後は、他の人のことを考えるようになった。
道徳の話をよんで、相手のことをしっかりと考えることが身についたのだと思う。

所見文例
自分のことだけでなく相手の立場や気持ちを考えて行動することが大切であることに気付き、日々の生活の中で実践していこうとする意識をより一層高めることができました。

【学習前】
☆自分で考えて行動するために，大切なことはなんですか。
・人を思いやる気持ちをもつこと
・勇気を出すこと
・自分だけではなく、周りの人のことも考えること

【学習後】
☆自分で考えて行動するために，大切なことはなんですか。
おもしろければいいのという話を読んだときに、私もしっかり一つ一つの言葉に責任をもち、その言葉が相手にとって悲しくなるのか、うれしく思うのかということを常に頭の中に入れておきたいと思います。このような事はとても大切だと思いました。

【学習前・後の比較】
☆学習前と学習後の内容を比べて，違うところがありますか。
　その違いは，どうしてできたと思いますか。
学習前(一学期、2学期前半)のときは、あまり心にひびかない話もたまにあったけど、学習後(二学期後半〜3学期)はたくさんの話が心にささり、もしも自分なら、どう行動するのかやその人のすばらしさなど考える事ができた。

所見文例
自分ならどう思うか、どう行動するかをより深く考えることが大切であるということに気付き、これまでの自分を見つめ直すとともに今後の生活に生かそうとする意欲を高めることができました。

第3章　OPPAを活用した通知表所見の書き方

所見文例

相手の気持ちを考えていく中で、様々な考え方があることを知り、自分の行動が相手にとって正しいものだったのか、もし間違っていたらどうすればよかったのかと相手のことを意識して考えることができました。

所見文例

周りの人のことを考えて行動していくことの大切さに気付きました。また、悲しんでいる人がいたら、勇気を出してすぐに行動に移していこうとする気持ちを高めることができました。

第6学年

【学習前】

☆クラス・学校・社会をよくするために、大切なことは何ですか。

人にめいわくをかけない
あいさつをする

【学習後】

☆クラス・学校・社会をよくするために、大切なことは何ですか。

人にめいわくをかけない　人にやさしくする　　全く知らない人
あいさつをする。　　　　ルールやマナーを守る　でも1人の人だ
1人1人ががんばる　　　命を大切にする。　　　から、助け合い
こまっている人を助ける　がんばって生きる。　　ながら生きる
人に親切にする
人をおもいやる。

【学習前・後の比較】

☆学習前と学習後の内容を比べて、違うところがありますか。
　その違いは、どうしてできたと思いますか。

学習前は自分がよいことをすることが大切だと思っていた。
「小川笙船」ではだれでも助けることを続けることの大切さを、
「最後のおくりもの」では、人に親切にすることを学び、道徳の
話でたくさん大切なことを学んだ。学習後には人を助ける、
人をおもいやる、人の命を大切にするなど周りの人を助け合い
ながら生きることが大切だと考えるようになったと思う。

【家庭から】

1学期	これからも、まわりの人に やさしい気持ちで接して、だれからも 好かれる人間になってください。
2学期	相手の気持ちを理解しようと努力していれば、良い人間関係を築くことができますね。
3学期	まわりの人の立場や気持ちを考え、思いやりをもってやさしく接することの大切さに気づくことができましたね。

第3章　OPPAを活用した通知表所見の書き方

　クラス・学校・社会をよくするために、大切なこととして、学習前は、「人にめいわくをかけない」「あいさつをする」と書いていた。クラスや学校、社会において、迷惑をかけない言動の大切さやコミュニケーションの第一歩としてのあいさつの必要性を意識していた。
　学習後には、それらに加えて、さらに9つの項目をあげた。「人を助ける、親切にする、命を大切にする、思いやる、やさしくする、全く知らない人でも一人の人だから助けあいながら生きる」という項目からは、人と人が接する上で大切にしなくてはならない気持ちが読み取れる。また、「がんばって生きる、ルールやマナーを守る、あいさつをする、人にめいわくをかけない」という項目からは、自分自身が大切にしたい気持ちが読み取れる。

　学習前は、クラス・学校・社会をよくするために自分がよいことをすることが大切だと思っていたが、「小川笙船」「最後のおくりもの」から、それぞれ「誰でも助け続けることの大切さ」や「人に親切にすることの大切さ」を学ぶことを通して、学習後に大きな変容を自覚することができた。
　学習後には、「人を助ける、人を思いやる、人の命を大切にするなど周りの人と助けあいながら生きることが大切だ」と考える自分を意識することができた。
　自分から周りの人との関わりを意識することこそが、クラス・学校・社会をよくするために必要な成長だと思う。

> **所見文例**
> 道徳の学習を通して、人と人とが関わるために大切なことは何かを考えることができました。学習後には、クラス・学校・社会をよくするために、周りの人と助け合いながら生きることが大切だと気付くことができました。

※所見文例の敬体を常体に変えることで、指導要録の道徳所見とすることができる。

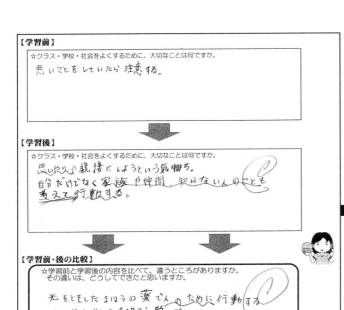

所見文例

クラス・学校・社会をよくするために大切なこととして、学習前には「注意する」と記述していたのに対して、学習後には「思いやり」という記述に変化したことから、他の人のことを考えて行動することの大切さに気付くことができました。

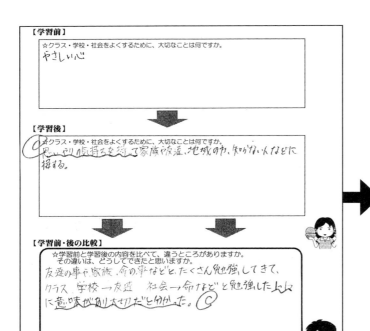

所見文例

学習前は自分中心の思いでしたが、道徳の学習を通して、家族・友達・地域の人たちとの関わりを意識した思いに変わりました。周りとの関係を意識し、行動しようとする意欲が高まっています。

第3章　OPPAを活用した通知表所見の書き方

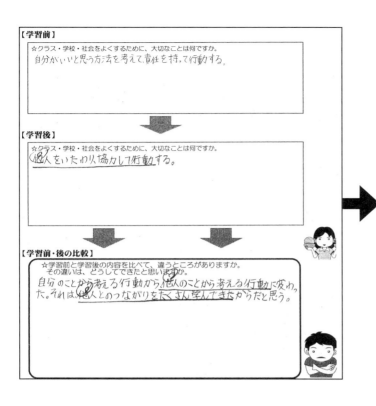

所見文例
自分中心の考え方から、自分のことより他人の気持ちを考えて、協力して行動する大切さに気付くことができました。また、他人をいたわろうとする優しい思いが芽生えました。

所見文例
道徳の学習を通して、他の人のことを思いやる気持ちが強くなったと感じていました。「人を思いやる」「できることをする」「思うだけでなく行動する」などの思いがもつことができました。

第4章

OPPAを活用した
カリキュラム・マネジメント

- OPP シートの記述はカリキュラム・マネジメントに
  どう生かせるの？
- OPP シート使用教材は年間指導計画にどう位置づけ
  たらいいの？
- 「本質的な問い」はどのように設定しているの？
- 指導計画の改善のために、OPP シートをどのように
  活用しているの？

こんな疑問に
答えます

◀1▶ カリキュラム・マネジメントの重要性

　文部科学省は、カリキュラム・マネジメントの重要性について、「各学校には、学習指導要領等を受け止めつつ、子供たちの姿や地域の実情等を踏まえて、各学校が設定する教育目標を実現するために、学習指導要領等に基づきどのような教育課程を編成し、どのようにそれを実施・評価し改善していくのかという『カリキュラム・マネジメント』の確立が求められる」[1]と述べている。

　ここで言うカリキュラム・マネジメントとは、「児童や学校、地域の実態を適切に把握し、教育の目的や目標の実現に必要な教育の内容等を教科等横断的な視点で組み立てていくこと、教育課程の実施状況を評価してその改善を図っていくこと、教育課程の実施に必要な人的又は物的な体制を確保するとともにその改善を図っていくことなどを通して、教育課程に基づき組織的かつ計画的に各学校の教育活動の質の向上を図っていくこと」[2]である。要するに、各学校の教育課程をベースにしつつ、組織的かつ計画的に教育活動の質の向上を図ることと言える。

　各学校で作成した教育課程が、道徳教育の目標を達成するために適切であったかどうかを評価し、改善していくことは、学校教育目標の実現に向けてとても重要なことである。しかしながら、本校の道徳教育において、前述した道徳教育全体計画を作成しても、それを子どもの実態をもとに振り返ることはなく、学習指導要領に大きな改訂がなければ、全体計画の見直しをすることがなかったのが現状である。道徳教育の必要性が強く求められ、道徳が教科化される中、子どもの特質を踏まえつつ、未来社会を担う子どもによりよい学習指導をするために、教育課程の充実を目指すカリキュラム・マネジメントは、道徳教育においても大切な取組となる。

◀2▶ カリキュラム・マネジメントと道徳教育課程の編成

　道徳教育は、道徳の時間を要として学校の教育活動全体を通じて行うものである。道徳の時間を要とするために、学校の教育活動との関わりを構造化して示したものが、道徳教育全体計画である。本校の道徳教育全体計画を、p. 108 に示す。

(1) 道徳教育の全体計画

　道徳教育全体計画では、学校教育目標、道徳教育目標、学年重点目標、各教科や総合的な学習、特別活動、外国語活動等における道徳教育との関わりなどを明示している。この全体計画の構想をもとに、各学年の道徳教育の指導計画が立案される。

　指導計画を立案する上では、学期はじめの学級づくり、校外学習、運動会、秋祭りなどの児童会行事、長期休業日などと理科・社会や総合的な学習の時間等の教育内容を相互の関係でとらえる教科横断的な視点で、学校の教育目標を達成するために必要な内容を組織的に配列していく。

第 4 章　OPPA を活用したカリキュラム・マネジメント

　本校では、カリキュラム・マネジメントの考えをもとに、上記の内容と OPP シートを道徳評価に活用することを考慮したうえで、次の 5 点に留意し、OPP シート活用教材を年間指導計画に位置付けている。

① 　1 学期はじめは事前準備や事前指導等があるので、OPP シート活用教材を位置付けない。

② 　各学期末（7 月・12 月・3 月）は OPP シートを評価に活用することを考え、OPP シート活用教材を位置付けない。ただし、1 年生の 7 月は例外。1 年生は 7 月にならないと OPP シートに記入することが難しいため。

③ 　10 月の土曜参観日（学校開放日）には OPP シートを活用した道徳授業を行う。全学年共通。保護者・地域への発信の場とする。

④ 　教材をよく検討し、本質的な問いに関わりの深い内容項目を位置付ける。どの内容項目と教材を活用していくのかを明らかにしてから、指導計画を立てる。

⑤ 　1 年生 1 学期 7 月の OPP シート活用教材については、初めての OPP シート記入なので、本質的な問いに関わる教材かどうかという視点よりも、1 年生に理解しやすく、表現しやすい教材であることを優先して選択する。

(2) 道徳教育の年間指導計画

　上記の 5 点に留意しながら作成した各学年の年間指導計画（教材名は割愛）を p. 111～113 に示す[3]。

　なお、表中 1、2……の番号は、年間 35 時間の授業（1 年生は 34 時間）を示し、①、②……の番号は教科書教材番号を示している。さらに、内容項目の後に記した◎は、OPP シート活用教材を示す。平成 31 年度は、OPP シート活用時間は 1・2 年目の実践を踏まえ、以下のような時間数としている。

	1 学期	2 学期	3 学期	合計
低学年	1 年生 2 時間	4 時間	4 時間	10 時間
	2 年生 4 時間	4 時間	4 時間	12 時間
中学年	5 時間	5 時間	5 時間	15 時間
高学年	6 時間	6 時間	5 時間	17 時間

道徳教育全体計画

甲府市立千塚小学校

| 児童の実態
地域の実態
父母の願い
教師の願い | 学校教育目標
心豊かでたくましい子ども

・意欲をもって 学ぶ子ども
・心やさしく あいさつのできる子ども
・元気で がんばりぬく子ども | 公教育の自覚

・日本国憲法 （教育理念）
・教育基本法 （教育の目的）
・学校教育法 （学校教育の目標）
・学習指導要領 （教育の内容）
・県市教育委員会 （指導方針） |

道徳教育目標
自己の生き方を考え、主体的な判断の下に行動し、自立した人間として他者と共によりよく生きる子ども

学年重点目標
・低学年・・・基本的な生活習慣や善悪の判断、社会生活上
　　　　　　　のルールを身につける
・中学年・・・自主性や協力し助け合う態度を育てる
・高学年・・・自律的な態度を育てる
　　　　　　　集団や社会の一員としての態度を育てる

各教科における道徳教育

国語 思考力・想像力・言語感覚を養う、豊かな心
社会 国土と歴史に対する理解と愛情、公民的資質の基礎
算数 見通しをもち筋道を立てて考える能力
理科 自然を愛する心情、問題解決的な能力、科学的な見方・
　　　　考え方
生活 基本的な生活習慣、自立の基礎
音楽・図工 豊かな情操
家庭 家族の一員としての態度、日常生活に必要な基礎的な知
　　　　識・技能
体育 健康・安全、楽しく明るい生活を営む態度、努力、協力

外国語活動における道徳教育
・積極的にコミュニケーションを図ろうとする態度を育てる。
・異文化を尊重する態度を育てる。

総合的な学習の時間における道徳教育
・体験的な学習活動などを通して道徳の時間で培われた道徳性を「生きる力」として根づかせていく。
・現代社会の課題や自分にとって切実な課題に取り組む学習を通して、自分の生き方を探究する。
・自分自身を見つめ、互いに認め合い、高め合うことの意義に気付くとともに、児童自身が自分なりの価値観を育てていく。
・キャリア教育につなげる。

特別活動における道徳教育

学級活動 希望や目標をもって生きる態度、基本的な生活習慣、望ましい人間関係、心身ともに健康で安全な生活態度

児童会活動 児童の自発的・自治的な活動

学校行事 自律的態度、学習意欲、心身の健康、協力、責任、公徳心、勤労、社会奉仕などの道徳性

ボランティア活動、自然体験活動、地域の関係施設等との交流活動などの体験活動

道徳の時間
（1）児童の発達や個に応じた指導を工夫する。
（2）信頼関係や温かい人間関係を確立する。
（3）校長・教頭の参加、教職員との協力的な指導、保護者や
　　　地域の方々の参加・協力が得られるように工夫する。
（4）ボランティア活動、自然体験活動、地域の関係施設等との
　　　交流活動など、多様な体験活動を活かした授業を工夫する。

補充・深化・統合

生活化・拡充

家庭・地域社会との連携
家庭や地域における道徳教育に対する興味や関心の高まりを図り、学校における道徳教育の成果を高める。
・家庭との連携（OPPシート、毎学期の保護者からの言葉）・授業参観（１０月土曜日に全学年道徳
　授業、OPPシート活用、学校開放日）　・地域との連携　授業、OPPシート活用、学校開放日）・地域との連携・広報活動（学年便り、ＰＴＡ新聞など）

補充・深化・統合

第4章 OPPAを活用したカリキュラム・マネジメント

第1学年の年間指導計画

	月	時数、教科書教材番号（丸数字）、内容項目、OPPシート使用教材（◎）
1学期	4	1 ①礼儀
	5	2 ⑩自然愛護　3 ⑪規則の尊重　4 ④勤労、公共の精神　5 ⑤親切、思いやり
	6	6 ⑦よりよい学校生活、集団生活の充実　7 ②善悪の判断、自律、自由と責任 8 ⑫個性の伸長　9 ⑨生命の尊さ
	7	10 ⑥正直、誠実◎　11 ③節度、節制◎
2学期	9	12 ⑰希望と勇気、努力と強い意志　13 ⑬善悪の判断、自律、自由と責任◎ 14 ⑭公正、公平、社会正義　15 ⑮自然愛護
	10	16 ⑧公正、公平、社会正義◎　17 ⑯感謝 18 ⑱国際理解、国際親善　19 ㉒友情、信頼◎
	11	20 ⑲伝統と文化の尊重、国や郷土を愛する態度 21 ⑳生命の尊さ　22 ㉑節度、節制　23 ㉓礼儀◎
	12	24 ㉘家族愛、家庭生活の充実　25 ㉕規則の尊重　26 ㉖感動、畏敬の念
3学期	1	27 ㉗希望と勇気、努力と強い意志　28 ㉙善悪の判断、自律、自由と責任 29 ㉔親切、思いやり◎
	2	30 ㉚親切、思いやり◎　31 ㉛節度、節制◎　32 ㉜友情、信頼◎
	3	33 ㉝生命の尊さ　34 ㉞個性の伸長

第2学年の年間指導計画

	月	
1学期	4	1 ①よりよい学校生活、集団生活の充実　2 ⑤礼儀
	5	3 ②友情、信頼◎　4 ③公正、公平、社会正義◎　5 ④正直、誠実◎ 6 ⑥希望と勇気、努力と強い意志
	6	7 ⑦規則の尊重　8 ⑧節度、節制　9 ⑨自然愛護　10 ⑩善悪の判断、自律、自由と責任◎
	7	11 ⑱親切、思いやり　12 ⑫家族愛、家庭生活の充実
2学期	9	13 ⑬勤労、公共の精神◎　14 ⑭生命の尊さ 15 ⑮国際理解、国際親善　16 ⑯善悪の判断、自律、自由と責任
	10	17 ⑰友情、信頼◎　18 ⑲個性の伸長◎ 19 ⑪親切、思いやり◎　20 ⑳希望と勇気、努力と強い意志
	11	21 ㉕公正、公平、社会正義　22 ㉓節度、節制　23 ㉔自然愛護　24 ㉘生命の尊さ
	12	25 ㉖国際理解、国際親善　26 ㉗正直、誠実　27 ㉑生命の尊さ
3学期	1	28 ㉒規則の尊重◎　29 ㉙伝統と文化の尊重、国や郷土を愛する態度　30 ㉚感謝◎
	2	31 ㉛礼儀　32 ㉞善悪の判断、自律、自由と責任◎　33 ㉝親切、思いやり◎
	3	34 ㉜感動、畏敬の念　35 ㉟個性の伸長

第 3 学年の年間指導計画

学期	月	内容
1学期	4	1 ③節度・節制　2 ④希望と勇気、努力と強い意志
	5	3 ①友情・信頼◎　4 ②規則の尊重◎ 5 ⑤生命の尊さ　6 ⑦親切・思いやり◎
	6	7 ⑥国際理解・国際親善　8 ⑧善悪の判断、自律、自由と責任◎ 9 ⑨家族愛、家族生活の充実　10 ⑬よりよい学校生活、集団生活の充実◎
	7	11 ⑪節度、節制　12 ⑫感動、畏敬の念
2学期	8	
	9	13 ⑮生命の尊さ　14 ⑭親切、思いやり◎ 15 ⑱個性の伸長　16 ㉑伝統と文化の尊重、国や郷土を愛する態度
	10	17 ⑩友情、信頼◎　18 ⑲礼儀　19 ⑯善悪の判断、自律、自由と責任◎　20 ㉒正義、誠実
	11	21 ⑳公正、公平、社会正義◎　22 ㉗自然愛護 23 ㉘国際理解、国際親善　24 ㉖勤労、公共の精神◎
	12	25 ㉙感謝　26 ㉚希望と勇気、努力と強い意志　27 ㉜感動、畏敬の念
3学期	1	28 ⑰生命の尊さ　29 ㉓友情、信頼◎　30 ㉔親切、思いやり◎
	2	31 ㉕公正、公平、正義◎　32 ㉛規則の尊重◎　33 ㉞善悪の判断、自律、自由と責任◎
	3	34 ㉝相互理解、寛容　35 ㉟伝統と文化の尊重、国や郷土を愛する態度

第 4 学年の年間指導計画

学期	月	内容
1学期	4	1 ③生命の尊さ　2 ②伝統と文化の尊重、国や郷土を愛する態度
	5	3 ①正直・誠実　4 ④公正、公平、社会正義　5 ⑤感動、畏怖の念　6 ⑧礼儀◎
	6	7 ⑦善悪の判断、自律、自由と責任◎　8 ⑥規則の尊重◎ 9 ⑬親切、思いやり◎　10 ⑪友情、信頼◎
	7	11 ⑰国際理解、国際親善　12 ⑫希望と勇気、努力と強い意志
2学期	8	13 ㉛自然愛護
	9	14 ⑭家族愛、家庭生活の充実　15 ⑮善悪の判断、自律、自由と責任◎ 16 ⑯希望と勇気、努力と強い意志
	10	17 ⑨親切、思いやり◎　18 ⑱節度、節制 19 ⑲伝統と文化の尊重、国や郷土を愛する態度　20 ⑳友情、信頼◎
	11	21 ㉜規則の尊重◎　22 ㉒生命の尊さ　23 ㉚相互理解、寛容◎　24 ㉔個性の伸長
	12	25 ㉕公正、公平、社会正義　26 ㉑自然愛護　27 ㉞感謝
3学期	1	28 ㉘善悪の判断、自律、自由と責任◎　29 ㉙勤労、公共の精神◎　30 ㉖友情、信頼◎
	2	31 ⑩親切、思いやり◎　32 ㉟個性の伸長　33 ㉝よりよい学校生活、集団生活の充実◎
	3	34 ㉗国際理解、国際親善　35 ㉓生命の尊さ

第4章　OPPAを活用したカリキュラム・マネジメント

第5学年の年間指導計画

1学期	4	1 ①善悪の判断、自律、自由と責任　2 ③自然愛護
	5	3 ②節度、節制◎　4 ④規則の尊重　5 ⑤友情、信頼　6 ⑥生命の尊さ◎
	6	7 ⑪希望と勇気、努力と強い意志◎　8 ⑧よりよく生きる喜び◎ 9 ⑨親切、思いやり　10 ⑩友情、信頼◎
	7	11 ⑦自然愛護　12 ⑫家族愛、家庭生活の充実
2学期	8	13 ⑬真理の探究
	9	14 ⑭礼儀◎　15 ⑮伝統と文化の尊重、国や郷土を愛する態度　16 ⑯正直、誠実
	10	17 ⑰個性の伸長◎　18 ⑱希望と勇気、努力と強い意志◎ 19 ⑲国際理解、国際親善　20 ⑳生命の尊重
	11	21 ㉑公正、公平、社会正義◎　22 ㉒相互理解・寛容◎ 23 ㉓勤労、公共の精神　24 ㉔善悪の判断、自律、自由と責任◎
	12	25 ㉕生命の尊さ　26 ㉖相互理解・寛容　27 ㉗親切、思いやり
3学期	1	28 ㉝伝統と文化の尊重、国や郷土を愛する態度 29 ㉘よりよい学校生活、集団生活の充実◎　30 ㉙親切、思いやり◎
	2	31 ㉚感謝◎　32 ㉛善悪の判断、自律、自由と責任◎　33 ㉜よりよく生きる喜び◎
	3	34 ㉞伝統と文化の尊重、国や郷土を愛する態度　35 ㉟感動、畏敬の念

第6学年の年間指導計画

1学期	4	1 ①個性の伸長　2 ②規則の尊重
	5	3 ㉚親切、思いやり◎　4 ④国際理解、国際親善◎　5 ⑤自然愛護◎　6 ⑪相互理解、寛容◎
	6	7 ⑦節度、節制　8 ⑧親切、思いやり 9 ⑨伝統と文化の尊重、国や郷土を愛する態度◎　10 ⑩生命の尊さ◎
	7	11 ⑥善悪の判断、自律、自由と責任　12 ⑫国際理解、国際親善
2学期	8	13 ⑬公正、公平、社会正義
	9	14 ⑭希望と勇気、努力と強い意志　15 ⑮友情、信頼◎　16 ⑯家族愛、家庭生活の充実◎
	10	17 ⑰正直、誠実　18 ⑱友情、信頼◎　19 ㉝礼儀　20 ⑳生命の尊さ◎
	11	21 ㉑勤労、公共の精神　22 ㉒真理の探究◎ 23 ㉓よりよく生きる喜び◎　24 ㉔善悪の判断、自律、自由と責任
	12	25 ㉕相互理解、寛容　26 ㉖希望と勇気、努力と強い意志 27 ㉗伝統と文化の尊重、国や郷土を愛する態度
3学期	1	28 ㉘生命の尊さ◎　29 ⑲感動、畏敬の念　30 ㉛善悪の判断、自律、自由と責任◎
	2	31 ㉜よりよい学校生活、集団生活の充実◎ 32 ㉞親切、思いやり◎　33 ㉟よりよく生きる喜び◎
	3	34 ③感謝　35 ㉙自然愛護

❸ OPPシートの記述を活用したカリキュラム・マネジメント

　本校では、OPPAを活用したカリキュラム・マネジメントに取り組んでいる。OPPシートには、本章の冒頭で挙げたカリキュラム・マネジメントに必要とされる要素が含まれているからである。具体的には、「学習前の考え」「学習後の考え」「学習前後の比較による自己評価」「タイトル」を、カリキュラム・マネジメントに活用している。また、教師の記録である「教師のOPPA」も活用している。

(1) 学習前後の考え・その比較による自己評価を活用したカリキュラム・マネジメント

　OPPシートの学習前後の考えを書く欄には、学年ごとに「本質的な問い」を設定している。この問いは、本校の学年重点目標に基づいている。そのような問いを設定することで、学年重点目標に対する学習前の子どもの考え（診断的評価）や1年間の学習を終えた段階での子どもの考え（総括的評価）を可視化することになり、子どもの実態を知ることができるからである。

低学年目標

> 基本的な生活習慣や善悪の判断、社会生活上のルールを身につける。

　基本的な生活習慣や善悪の判断、社会生活上のルールを身につけることは、すべての学校生活を楽しく、円滑に過ごすために必要な要素である。そこで、低学年の子どもたちが様々な側面から記述しやすいように、「友達となかよくする」をキーワードに問いを設定した。また、第2学年においては、大切なことについて考えるような問い方とした。
・第1学年における本質的な問い
　「ともだちとなかよくするためには、どうしたらよいですか」
・第2学年における本質的な問い
　「友だちとなかよくするために、大切なことはなんですか」

中学年目標

> 自主性や協力し助け合う態度を育てる。

　第3学年ではクラス替えがあり、新たな学級づくりに向けて、重点目標の「協力し助け合う態度」を主として問う内容とした。さらに第4学年においては、児童会の活動などを通して、学級だけでなく、学年・学校全体へと目を向け、さらに自主的な行動につながることを願い、大切なことについて問いかけた。
・第3学年における本質的な問い
　「クラスできょうりょくしてすごすために、大切なことは何ですか」

第4章　OPPAを活用したカリキュラム・マネジメント

・第4学年における本質的な問い
「協力して生活するために、大切なことは何ですか」

高学年目標

> 自律的な態度を育てる。集団や社会の一員としての態度を育てる。

　第5学年においては、「自律的な態度を育てる」を問う内容であり、第6学年においては、「集団や社会の一員としての態度を育てる」を問う内容とし、高学年ブロックとして、重点目標を醸成することができたかどうか確認できるよう設定した。
・第5学年における本質的な問い
「自分で考えて行動するために、大切なことは何ですか」
・第6学年における本質的な問い
「クラス・学校・社会をよくするために、大切なことは何ですか」

　ここでは、p. 114に示した3年生の記述例をもとに、学習前後の考えとその比較による自己評価から、指導重点を振り返り、どのように指導計画の評価・改善を行うのか検討する。

　この児童は学習前後を比較して、「人の気持ちが考えられなかった自分」から「人に何を言ったらいやな気持ちになり、何を言えばいい気持ちになるのかが分かる自分」に変化したことを認識し、自らの成長を実感することができている。
　また、自分の意見を言うためには、自分自身の「勇気」が必要であることに気づくことができている。
　第3学年の本質的な問いは、「クラスできょうりょくしてすごすために、大切なことは何ですか」である。本児童は、学習後も含めると、「公平公正・正義」「規則の尊重」「善悪・自立」「友情・信頼」等、クラスで協力して過ごすために必要な多くの内容項目を自分の言葉として表現することができている。
　このようなOPPシートの見取りを通して、学級・学年全体として1年間の道徳授業が子どもにとって、どうであったのかを検討し、子どもの実態に合った指導計画となるよう評価・改善をしていく。さらに、指導計画の見直しとともに、本質的な問いの文言の検討も必要となる。
　子どもの考えが自由に表現されたOPPシートを活用することにより、子どもに寄り添った指導計画の評価・改善を実施することができる。

113

◎学習前の考え

☆クラスできょうりょくしてすごすために、大切なことは何ですか。

・人に声をかける。

◎学習後の考え

☆クラスできょうりょくしてすごすために、大切なことは何ですか。

・相手をしんじあう。
・まじめにやる
・友だちとやくそくしたことは守る
・友だちになることを考える

◎学習前後の比較による自己評価

☆学習前と学習後の内ようをくらべて、ちがうところがありますか。
　そのちがいは、どうしてできたと思いますか。

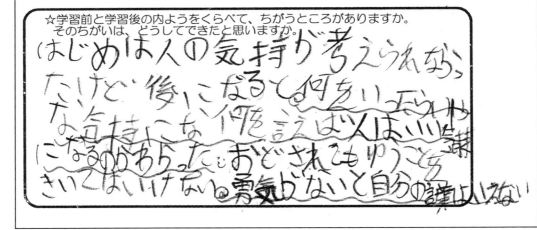

第4章　OPPAを活用したカリキュラム・マネジメント

(2) タイトルを活用したカリキュラム・マネジメント

OPPシートのタイトル欄は、年間のOPPシートの使用を通した最後の記入箇所となる。子どもが一年間の道徳授業を振り返り、その内容を一言で書き表す。低学年は、一言でまとめることが難しいため、タイトル枠も大きく設定している。ここに記された内容は、子どもが道徳授業から学ぶことのできた一番印象に残るキーワードであり、子どもの実態を知る一つの手かがりとなる。子どもが表現したタイトルから、一年間の道徳授業がどのようであったかの分析・評価をすることは、道徳の指導計画の振り返りと改善に役立てることができる。

以下、全学年のタイトル分析の例を示す。

【第1学年タイトル例】

OPPシートの全てを読み直し、「自分の大切なシートに題をつけよう」と促したので、「友達」「仲良し」「優しさ」などの本質的な問いに関連した記述が多かった。「心」「気持ち」「道徳」などに触れた記述も見られた。

【第2学年タイトル例】

ほとんどの児童が、「あい手の気もちを考える」「やさしくする」「みんななかよし」「みんなにっこにこ」というように、本質的な問いである「友達と仲良くするために大切なこと」に関わる内容の表記であった。

【第3学年タイトル例】

児童の表記の多くが、クラスで協力して過ごすために大切なことは何かという本質的な問

いに関連するものであった。加えて、協力し合うクラスの実現に近付くような具体的な内容や、児童個々が生活の中で実践できる内容もいくつか見られ、児童の成長の様子が伺えた。

【第4学年タイトル例】

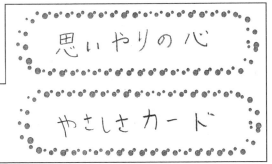

「人の気持ちを考える」や「行動に移す」といった、クラスごとに授業の中で目指したものをタイトルに記述することができていた。「心」などの抽象的なタイトルもいくつかあったので、より具体的に踏み込んだ記述ができるよう導いていきたい。

【第5学年タイトル例】

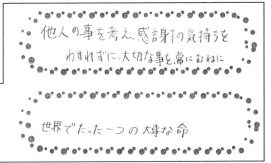

学年のテーマに沿った振り返りができ、それに合わせたタイトルをつけることができた児童が多く見られた。半面、直近（3学期）に学習した内容が強く心に残り、それに関連したタイトルをつけた児童も見られた。

【第6学年タイトル例】

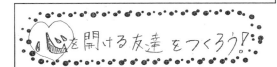
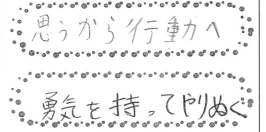

「クラス・学校・社会をよくする」という本質的な問いに対する様々な視点からのタイトルを付けることができていた。児童が大切にしていきたいこととして記述することができていた。

第4章　OPPAを活用したカリキュラム・マネジメント

(3)「教師のOPPA」を活用したカリキュラム・マネジメント

　本校では、児童用のOPPシートを活用して、担任全員で「教師のOPPA」を実践している。p.118～119に示したものは、1年2組担任と5年2組担任のOPPシートである。

　学習履歴の一番大切なことを記入する欄には、道徳授業の目標となる内容を授業前に記入する。授業前に記入することで、明確な目標をもち、授業に臨むことができるのである。

　さらに、学習履歴の感想欄には、授業後に子どもの記述した「一番大切なこと」や「感想」を点検しながら、道徳授業の授業分析や授業評価を記述する。もしも一番大切なことの記述内容が教師のOPPAに事前に記述した内容と大きく違う内容であれば、授業の目標が達成できなかったことになる。それらの課題を蓄積し、授業改善・授業力向上に努めるのである。

　最後の学期末自己評価欄には、学期を通しての実践の成果や課題等を記入していく。これらの記述をもとに、カリキュラム・マネジメントの考えを用い、OPPシート活用教材の適否や指導時期等の指導計画を見直していく。また、全担任が記録した「教師のOPPA」は、次年度該当学年へ引き継がれ、授業充実のための一資料としている。例えば、次のような記述をもとに、次年度の改善につなげている。

【1年生の1学期末自己評価から】

「1年生の7月であれば、ふりかえりシート（OPPシート）の記述も可能であると感じた。（2つで良い。）」

→1年生1学期のOPPシート活用教材は、2コマとする。

【5年生の2学期末自己評価から】

「自分と他者との関わりについての内容が多かったと感じ、そこが心に残ったようである。」

→同様な内容項目を重点的に位置づけることの有効性を考慮し、指導計画を検討する。

【5年生の3学期末自己評価から】

「3学期もOPPシートを活用しながら道徳を進めていったが、3学期は日数も短く、慌ただしい中で、子どもたちに6コマ埋めさせるのは非常に大変だった。5コマくらいが妥当かもしれない。」（インフルエンザ等で学級閉鎖になったクラスからも同様の記述があった）

→高学年3学期OPPシート活用教材は、5コマとする。

1年2組

☆きょうの じゅぎょうって いちばん だいせつだと おもうことを かきましょう！

1がっき

7がつ 6にち 「きんのおの ぎんのおの」[正直・誠実]
たいせつなこと
○うそをついたり、ごまかしたりしない。
○正直に話す。
○素直な気持ちで行動する。

かんそう
・切かのでのふりかえシートの記入では漢字は多いが、自分の考えやおい言葉を書くことができた。（3名一時間がひよう）
・ぼうけんいろんな児童が「うらそやおい言葉を書いていた。
・授業の導入での絵本であり、誤字脱字が多かったり、正直なうちまり「正直に話す」という言葉のつかい方を踏まえ、気持ちのほうが多かった。「今度からは正直に言おう」など気持ちや感想を書く児童が多い。

7がつ 10にち 「かぼちゃのつる」[節度・節制]
たいせつなこと
○わがままを言わない。
○自分勝手ではなく、思いやりの心をもつ。

かんそう
・場面絵を使い、その時々のかぼちゃの気持ちを丁寧に考えた。
・ふりかえシートの記述では言葉足らずなので、文字だけでは気持ちを読みとりにくい児童もいる。胸をかけると思いやりの心をもつようにするなど、互いに安全な決まりを守ることが、気持ちのつながりという生活につなげていく。
・友達や周りの人の言うことや生活をていねいだと記述した児童もいる。

2がっき

☆きょうの じゅぎょうって いちばん だいせつだと おもうことを かきましょう！

10がつ 4にち 「だいも見ていない」[善悪の判断・自律・自由と責任]
かんそう
○してもよいことかしないことか考える。

10がつ 16にち 「じゃんけんぽん」[公正・公平・社会正義]
たいせつなこと
○好き嫌いを言わないで、誰に対しても同じように接する。

10がつ 27にち 「くりのみ」[友情・信頼]
たいせつなこと
○困っている友達にはやさしくする。助け合う。
かんそう
○心をるとのひかるをする。自分もあたたかくなる。

11がつ 27にち 「ぼのみ」[礼儀]
たいせつなこと
○あいさつをする。
○あいての気持ちを考える。

2がっきの どうとくでのじかんを とおして、じぶんのなかで
かわったこと あります。
・「1学期にはありかえシートの記述には慣れていたので、2学期の道徳の学習もよりスムーズに時間が過ごせた。

3がっき

☆きょうの じゅぎょうって いちばん だいせつだと おもうことを かきましょう！

1がつ 14にち 「はしの上のおおかみ」[親切・思いやり]
たいせつなこと
○誰にもやさしくする。やさしい心をもつ。
○いじわるをしないで、親切にする。

かんそう

2がつ 22にち 「にち」[親切・思いやり]
たいせつなこと
○相手の気持ちを考え、あたたかい心で接する。
○年下の子には、やさしくする。

2がつ 26にち 「大おおでうるダンプ」[節度・節制]
たいせつなこと
○安全に気を付けて、ルールを守る。人の話を聞く。
○わがままを言わない。

3がつ 1にち 「二わのことり」[友情]
たいせつなこと
○友達のために、やさしく思いやりをもつ。
○相手の気持ちを考える。

1年2組担任の OPP シート記述例

118

5年2組担任のOPPシート記述例

註

1 　中央教育審議会教育課程企画特別部会　論点整理「4. 学習指導要領等の理念を実現するために必要
な方策（1）「カリキュラム・マネジメント」の重要性」

http://www.mext.go.jp/b_menu/shingi/chukyo/chukyo3/siryo/attach/1364319.htm

2 　文部科学省『小学校学習指導要領（平成 29 年告示）』p. 18、2018、東洋館出版社

3 　本校では、学研教育みらい『みんなのどうとく』1〜3 年、『みんなの道徳』4〜6 年を使用。

第5章

全校で取り組む
道徳OPPAの実践

・全校でOPPAに取り組むためにはどうしたらいいの？
・教員同士で共通理解を図るためにはどんな工夫が必要？
・教員の意欲を継続させるためにはどうする？
・保護者との連携を図ることもできる？

こんな疑問に答えます

◀1▶ 校内研究としての取り組み

(1) 本校の校内研究

　本校の校内研究のテーマは、「確かな学力を育てる〜学ぶ楽しさを実感できる授業を通して〜（三年次中二年次）」である。2017 年度より、OPPA を活用した道徳教育の評価、甲府スタイルの授業、少人数指導、他教科による OPPA 実践を主な内容として、研究主任のリーダーシップのもと、研究を行ってきた。道徳の評価研究に取り組むにあたり、OPPA は総合的な学習の時間[1]や道徳[2] などにも効果があり、その汎用性[3] が高いことや「自らの成長を実感し、意欲の向上につなげていくもの」「大くくりなまとまりを踏まえた評価」等、道徳の評価の基本的な考え方を踏まえたものであることを確認し、全職員で OPPA を活用した道徳の評価研究をスタートさせた。甲府スタイル[4] の授業は低学年、少人数指導は中学年（甲府市少人数指導試行校指定学年）、他教科 OPPA 実践は高学年というように割り振って研究を進めている。

(2) 道徳の評価研究

　「特別の教科　道徳」の全面実施に向け、毎学期記入する評価や学年末に作成する指導計画等、道徳の評価研究に関する共通理解を得ながら OPPA の実践が確実に行われるよう、次のような研究体制で取り組んできた。

全職員

(1) 全体で共有すべき内容は、校長提案（校内研究会）
　・OPPA の理論　・OPPA の実践による昨年度の成果
　・本校の OPPA（全体計画・教育課程・保護者との連携・教師の OPPA）
(2) 道徳担当者会（各学年から 1 名）で校長提案（終礼前の時間を活用）
　・実践内容の確認　・評価の仕方　・10 月土曜参観の内容等
(3) 道徳担当者を中心とした学年での実践（OJT 実践の場）
　・OPP シートの記入方法　・教師の OPPA の状況　・評価記述の確認等
(4) 研究主任による OPPA 実践の確認・調整

確実な OPPA の実践

---

(3) 確実な OPPA の実践に向けた資料

　道徳評価の初年度である 2018 年度 1 学期を OPPA 実践の天王山ととらえ、確実な実践とするために、授業ガイダンス資料や OPP シート活用にあたっての資料を用い、教員への丁寧な説明を行い、研究実践を積み上げてきた。

　また、2017 年度末の人事異動により 4 名の教員が新たに着任する中での実践となったため、OJT（On-the-Job Training）の意識を高め、道徳担当者会を通し、教員同士のコミュニケーションを大切にすることを心がけてきた。

第 5 章　全校で取り組む道徳 OPPA の実践

❶　授業ガイダンス資料の作成

　新任の教員でも OPPA の実践に取り組みやすいように、授業ガイダンス資料を作成し、活用している。授業ガイダンス資料は、OPP シートをどのように使用するかを子どもたちに説明するためのものなので、実際に子どもたちに話しかける口語で記述している。また、資料の（　）内は、OPP シート取り扱い上の留意点である。

OPP シートを配付する際の授業ガイダンス資料

- この道徳振り返りシートは 1 年生から 6 年生まで全学年で活用していきます。
- このシートは、大切にクリアファイルに保管していき、6 年間の道徳を振り返る材料にしていきたいと考えています。（紛失したり、グチャグチャにしたりしないよう、毎時間回収し、教師が保管する。）
- 表紙を見てください。タイトル〔題名〕をつけてみよう！　とありますが、ここは 1 年間の最後の道徳の授業で書く欄です。1 年間の道徳を振り返って、タイトルをつけます。
- 中を開いてみてください。ここには、今日の授業で一番大切なことを考えて書きます。もちろん、これはテストでもないし、書いたことに間違いはありません。みなさんが一番大切なことだと考えているのですから、全員正解です。授業を振り返りながらしっかり書いてください。
- 最後のページを見てください。【学習前】の欄に書かれている問いについて、自由に考えて書いてみましょう。もちろんこれもテストではないので、みなさんの考えたことを書いてください。簡条書きでもよいです。【学習後】という欄は、1 年後また同じ問いについてみなさんがどのように考えるかを聞くためにあります。正直な気持ちで書き込んでください。（書けなかったら、書けなくてもよいという姿勢で指導する。）

学期末自己評価を記入する際の授業ガイダンス資料

- 1 学期の振り返りをします。道徳振り返りシートを開いてください。心の中で静かに振り返ります。（静かな雰囲気の中で語りかけて、これまでの授業を想起させる。）
- 5 月 12 日には「△△△」という資料を使って学習しましたね。覚えていますか。……というような話でした。一番大切なこととして、「……」と書いてくれた友達もいました。みんな一生懸命書いてくれて、先生はとてもうれしかったです。（これが正解というわけでなく、あくまで一例として扱う。）
- 自分の書いた一番大切なことと感想を読み返してみましょう（少し時間をおいて）。
- それでは、1 学期の道徳の学習の時間を振り返ります。ここに書かれていない道徳授業もすべて含めて振り返りましょう。1 学期の一番下の青い枠を見てください。自分

123

の中で変わってきたことはありますか。よく考えて書いてみてください。枠が小さいのではみ出てしまってもかまいません。（うまく書けない子には、気持ちや考え方で変わったことがないかという声かけをする。書くことが遅い子や苦手な子もいるので、最低5分程度は時間を確保したい。ここが評価のひとつの大切な視点となる。）

・また、どうして変わることができたのかも考えて、書いてみてください。（理由が分からなければ無理に書かせなくてよいが、全体に向かって「無理しなくていいよ」とは言わない。個別対応で支援する。考えさせることが大切なので、子どもの自由な表記を尊重する。）

❷ 「OPPシート活用にあたって」の作成

OPPシートの活用にあたっては、以下の資料に挙げた3点に関して、全学年・全学級で共通理解を図り、歩調を揃えて取り組むようにしている。

OPPシート活用にあたって

---

1. OPPシート活用にあたっての確認事項

① 子どもの誤字・脱字等を直さない。これらの指導は他教科のノート指導で行う。

　→自由な表記の場、素直な気持ちで安心して記述できる場

　→これが正解という言い方をしない。「こう書いた友達もいるよ」というように紹介する。判断は子ども自身に任せる。

② 注目すべき記述は、下線二重丸でチェックしておくと評価の際の参考となる。

　→子どもの学習意欲を高めたり、記述内容の再考をうながしたりするために、本来はコメント[5]を添えるところだが、全校実践なので足並みをそろえる。多忙化の解消。

③ 一番大切なのは、書く時間の確保。初めは5分程度確保する。

　→その分、ワークシートは簡略化するなどの工夫をする。

④ 欠席した場合、次時にその子どものみ使用し、空欄をつくらない。

　→どの価値項目も人格形成（指導目標）に必要不可欠なもの。

2. 学習履歴「一番大切なこと・感想」の記入における留意事項

① 一番大切だと思うことを自分の言葉で自由に表現するよう指導する。

　→例えば「手品師」（5年）の場合は「正直、誠実」の内容項目に該当するが、このキーワードを使わなければならないわけではなく、子どもたちには自由に書かせる。ここでは、「自分の良心に従って行動することのすばらしさ」などの記述が考えられるだろう。

② 記入スペースを2行分は確保している。このことをはじめに指示しておくとよい。

③ 感想は、道徳授業を通して考えたこと、考え直したことなどの心情を書かせるとよい。

第5章　全校で取り組む道徳OPPAの実践

3. 学期末自己評価の記入における留意事項

① 学期末の変容については、カリキュラム・マネジメントの観点から、OPPAを活用した授業だけでなく、これまで受けてきた授業のすべてを対象とすることを伝える。

→内容項目・教材を限定しない。「ここにない授業について書いてもいいんだよ」

② きちんと時間を確保し、どうして変容したかを考えさせる。

→授業との結びつきを自覚することにつながる。書けない場合には、無理をさせない。

（4）実践意欲を高めるための「先生方へのOPPA」

　教師がOPPAの実践を負担と感じるならば、OPPシートの使用に対して消極的になるだろう。教師が意欲的に取り組むためには、OPPAの有効性を教師自身が実感し、さらには、教師一人一人が実感した有効性を教員間で共有することが大切である。

　そこで本校では、「先生方へのOPPA」を活用し、OPPA使用前と使用後、使用前・後を比較しての正直な気持ちを簡単に書き止めるようにしてきた。その記述内容の変容を通して、OPPAの有効性を教師自身が実感することにつながる。

　下に示したものが、1年間記録してきた5年1組担任の「先生方へのOPPA」（A4版）である。【OPPA使用後】の欄は、学期ごとに記録している。

先生方へのOPPA　　名前（　5年1組　　）

☆これは教職員評価等には全く関係ありません。どんなことでも素直に気軽にお書き下さい。

【OPPA使用前】

1　OPPAを使う前、OPPAについてどのようなことを思っていましたか。

　前任校で、取り組んだが方法や内容の検討が不十分で、成果が得られなかったのであまり期待はしていなかった。

　本校の使用方法等が最初全く分からなかったので、手探り状態で取り組みを始めた。

【OPPA使用後】

2　OPPAを使った後、OPPAについてどのようなことを思いましたか。

1学期
・取り組みの方法、活用の仕方などがはっきりしていたので、大きな負担もなく取り組めた。
・通信表の所見を書くとき大いに活用でき、OPPAの良さを実感できた。

2学期
・学期末の振り返りをする際、6時間分の振り返りが1枚のシートでできるので、子どもたちも振り返りをするときの目安となり、より深く振り返りができたと思う。

3学期
・学習前と学習後の比較を時間を取ってじっくり振り返りをしたことで1年間の道徳の足跡をしっかり追うことができた。子どもたちも年間を振り返ることで、自分の成長を感じ取れた子が多かった。

【使用前・後の比較】

3　OPPA使用前と使用後を比較して、何か変わったことがありますか。何も変わらなかった場合、何か変わったことがある場合、どちらにしても、それはどうしてなのか自由に詳しく書いてみてください。

　OPPA使用前は、使用方法や使用することによって得られる効果など、未知の部分が多く半信半疑のところがあったが、使用していくうちにOPPAの良さが感じられるようになった。特に学期末や学年末の振り返りは、子どもたちに改めて考えさせる良い機会となった。（今までは1時間の授業で終わり学期末や学年末に自分の考えや成長を　振り返ることはあまりなかった）
　取り組みを継続していくことにより、子どもたちの道徳への関心を高めるとともに、実践しようという意欲を高めるための良い方法だと思う。

125

【OPPA 使用前】【OPPA 使用後】【使用前・後の比較】の具体的な記述を 5 名程度ずつ、以下に示す。【OPPA 使用後】については、紙面の都合上、2 学期終了時の記述例を割愛し、1・3 学期終了時の記述例のみとする。

「先生方への OPPA」記述例（原文のまま、一部抜粋あり）

【OPPA 使用前】

1　OPPA を使う前、OPPA についてどのようなことを思っていましたか。

・1 年生の子どもたちが OPP シートを書くことができるか不安。その時間に大切だったことを言葉にできたとしても、文章に書くことができるだろうか。

・自分が実践するとなると準備が大変、本当に継続してできるのかなどマイナスなイメージが自分の中に多くあったように感じる。

・自己流にアレンジした OPP シートも目にしたことがあったので、「しっかり理論や基本的な考え方を学んだ上で使用したい」と考えていた。

・理科や外国語活動では活用したことがあったが、道徳ではどのように変容を見取るのかな、と思っていた。

・授業展開の中で、OPP シートに記入する時間の確保や、記入内容の個々の差をどう扱うのか疑問があった。

【OPPA 使用後】

2　OPPA を使った後、OPPA についてどのようなことを思いましたか。

　〈1 学期終了時の記述例〉

・その時間の大切なことを児童が振り返るのに有効でした。道徳の評価をする際、OPP シートを見るだけで所見が書けるくらい便利でした。とても有効だと思います。

・1 学期後半の 7 月くらいになると 1 年生でも使用できると感じた。丁寧に説明を行えば、1 年生らしい表現で記述することができた。言葉数はまだまだ少ないが、子どもたちの言葉から思いを受け止め、評価することができた。

・評価への活用はとても分かりやすくてよかったと思う。教師自身が児童の OPPA を通して、授業の振り返りを簡単にすることができた。

　〈3 学期終了時の記述例〉

・3 学期になると、子どもたちが振り返りシートの記入にも慣れ、短時間（5 分以内）で記述できるようになった。ねらいから大幅に外れる記述が少なくなってきたことからも、子どもたちの成長を感じることができた。

・2 学期に比べて多様な考えが記述として見られました。授業づくりの中でも特に 3 学期から、多角的・多面的に考えることにつながる授業を意識して教材研究を進めたことが、児童の記述に成果として表れたのではないかと考えると、自分の実践を振り返る上で OPPA が効果的であると気づきました。

・学習前と学習後の比較に時間を取ってじっくり振り返りをしたことで、1 年間の道徳

第5章　全校で取り組む道徳 OPPA の実践

の足跡をしっかり追うことができた。子どもたちも年間を振り返ることで、自分の成長を感じ取れた子が多かった。

【使用前・後の比較】
3　OPPA 使用前と使用後を比較して、何か変わったことがありますか。
　〈1年間使用後の記述例〉
・児童の「大切なこと」と教師の「内容項目」を比較することにより、自分の授業について再度振り返るようになった。学習内容の軽重を更に意識するようになった。
・使用前は1時間の授業の中に、OPP シートを書く時間を確保することは非常に大変で、子どもたちも書くことに抵抗があるのではないか（悩んでしまうのでは）と思っていたが、OPP シートを書かせる時間の確保は、終末部分のまとめにあてることもできたため、そこまで難しくなかったし、子どもたちも一生懸命書いてくれていたので最初に感じていたイメージとはかなり変わった。
・中学年では、「クラスで協力して過ごすために、大切なことは何ですか」という問いを設定して、1年間取り組んできた。OPP シートを使う15時間について、問いと関連がある「友情・信頼」「親切・思いやり」「善悪・自律」「規則の尊重」「公平公正」に絞り、同じ内容項目が横に並ぶように OPP シートの配列をした。同じ内容項目のときには、資料の並び替えをして、学期に1つにし、資料の内容によっては順番を変えた。また、OPP シートを使用する日には、全員出席しているときに授業することを心がけた。1時間ごとに、また学期の終わりに自分の変容を問い、その理由を考えさせることによって、自分自身の生活や考え方を振り返ることができるようになってきた。表紙のタイトルについても的を射たものが多かった。実践して一番難しかったのは、初めの問いの設定だと感じた。慎重に考えていきたい。
・「子どもたちの一年間の学びのあしあとが、教師も子どももすぐ見られる」「短文なので、記述の負担感がない」「授業のねらいが、子どもたちなりの言葉で残る」「重点目標にそった資料を選んでいるので、本質的な問いに大きなぶれがない」「子どもの記述から、所見がスムーズに書ける」などの理由から、OPPA が道徳に活用できることが実感できた。また、「1年生に書けるのか」という不安もあったが、スタート時期を考慮すれば、1年生でも十分に OPP シートを活用できると分かった。1学期と3学期を比べられるので、子どもたち自身が学びと成長を見取ることができた。
・授業前に「一番大切なこと」を確認することで、授業の進め方や教材について改めて確認したり、よりよい工夫を考えたりする契機とすることができた。児童の評価に、児童自身の言葉を使えるのがよい。保護者の方に OPP シートを見ていただくことで、道徳の学習の様子がより伝わると思う。
・道徳の学習を行う際、児童にどんなことを学習してほしいのかがしっかりと伝わるような工夫をするよう、以前よりも強く意識するようになりました。評価を行う際、具

127

体的な根拠として OPP シートを使用することができたので、大変有効であったと感じています。

OPP シートを活用する前は、「1 年生の子どもたちに書くことができるだろうか」「準備が大変ではないか」「道徳ではどのように見取るのだろうか」「記入する時間の確保が難しい」など多くの不安や疑問が書かれていた。

ところが、1 学期の実践を終えた段階では、「道徳の評価にとても有効である」「1 年生でも使用できる」等が書かれ、さらに 3 学期を終えた段階では、「短時間で記述できるようになった」「授業実践を振り返る上で効果的である」「1 年間を振り返ることで成長を感じ取れた」等、OPPA に対する不安や疑問が払拭されたような記述が多く見られるようになった。

1 年間を通した実践を終えて、OPPA 使用前・後を比較する段階では、教師自身が「振り返る」「見取る」「伝える」という OPPA の有効性を、改めて感じ取ることができた。また、OPPA に取り組む過程で、OPP シートが道徳の評価に活用できるだけではなく、授業改善や資質・能力の育成など、様々な有効性をもつことに気が付いたのだと言える。

それらの実感をもとに、次年度も OPPA を継続して活用し、さらなる道徳の授業改善への意識を高めることができたようである。

校内研究会を通して、OPPA の実践における有効性や課題を共有することで、さらなる実践意欲を高めていくことができるだろう。

◀2▶ 保護者と連携するための工夫

本校では、OPP シートに保護者欄「家庭から」を設け、保護者の協力を得ている。通知表と同様に、毎学期末に子どもに向けて一言、温かい励ましの言葉を記入していただくようお願いをしている。保護者欄に記述するために子どもの OPP シートを読むため、保護者も道徳授業の様子を知ることができる。このことによって、家庭では普段あまり話題にならない道徳授業が新たなコミュニケーションのきっかけとなり、さらに子どもの心が豊かに醸成されることを期待している。

p. 129 に示すのは、1 学期末に OPP シートを家庭に返却する際に配付したお知らせである。お知らせ内に書かれているように、「別紙添付」した 3 年生 OPP シートを p. 130 に示す。A4 版に縮小した OPP シートに、タイトルや学習後の記述欄は 3 学期の最後の道徳授業で記入すること等、具体的な記入の手順などを示している。

これらのお知らせを保護者に配付することによって、OPPA に対する理解を深めるよう努めている。このような取り組みを通して、保護者から寄せられた言葉を奇数学年のみ p. 131 に示す。

保護者から寄せられた言葉は、道徳授業の学びをいっそう深く子どもの心に響かせるものだろう。また、子どもがこれら保護者からの言葉を励みに、道徳授業への意欲を高めることを期待している。

第5章　全校で取り組む道徳OPPAの実践

道徳ふりかえりシートについて（お願い）

　本校では、道徳教育の質の向上を目指し、昨年度から一枚ポートフォリオ評価法を活用した「道徳振り返りシート」を活用しています。通知表と一緒に学期に1回ご家庭にお渡ししますので、シート裏側家庭欄に一言励ましの言葉をご記入お願いします。お手数をかけ申し訳ありませんが、お子様の心の健やかな成長のためにご協力をお願いいたします。活用しているシート例（3年生用）と活用の仕方について別紙添付いたしました。あわせて以下の留意事項をお読みください。

【本シート活用における留意事項】

○本シートは、子どもの本音を記述させるものです。したがって、子どもの記述した誤字・脱字は訂正しません（訂正ばかりしていると記入する意欲がなくなり、子どもが自由に表現する場とならないのです）。漢字や言葉の指導は、他の教科のノート指導等で実践していきます。

○家庭欄へのご記入の際は、学習履歴の下線二重丸のところに注目してください。下線二重丸を付けた部分からは、優れた気付きや気持ちを見取ることができます。昨年度は、以下のような例がありました。

2年生「<u>ありがとう、ごめんねを言ったら友だちが増えてきました◎</u>」

　→家庭から「ありがとう、ごめんなさいって、友だちを増やす魔法の言葉なんだね。大切にしていこうね。すごいことがわかってよかったね！」

6年生「…<u>しっかり考え、行動していくことがこれからの社会を変えるのに必要なことだと思った◎</u>」

　→家庭から「多くのことを勉強して、社会を変えられるような人となることを大いに期待してますよ。頑張ってね。」

このような短い言葉で結構ですので、温かい言葉を投げかけてあげてください。

○本シートは、6年間保管していきます。6年間の道徳の学びを大切にし、自分の成長を実感できるようにしたいと考えています。3学期末の返却期間は短くなりますが、子どもの学びをしっかりご覧いただきたいと思います。

○本シートの学習前・後の考えを書く欄には、本校の道徳全体計画の各学年の重点目標に基づく問いが設定されています。したがって、1年生から6年生までの系統性を踏まえた問いとなっています。

○学習前に記述できないのは当たり前という気持ちで、今思うことを気楽に記述させています。書けない自分から、書ける自分に成長した実感を大切にしていきます。

○一枚ポートフォリオ評価法は、子どもに学ぶ意味を感得させ、思考力・判断力・表現力等の資質・能力を向上させる評価法です。長い期間、このシートに書き続けることで、様々な子どもの成長を記録し、実感できると考えています。

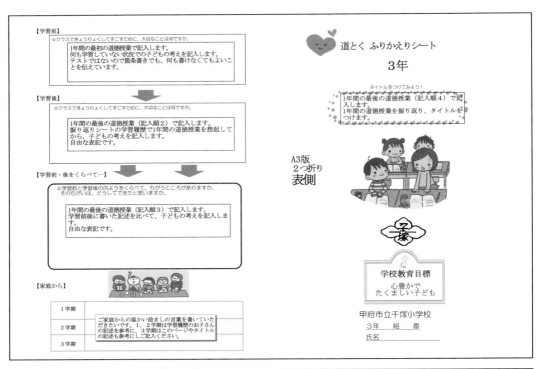

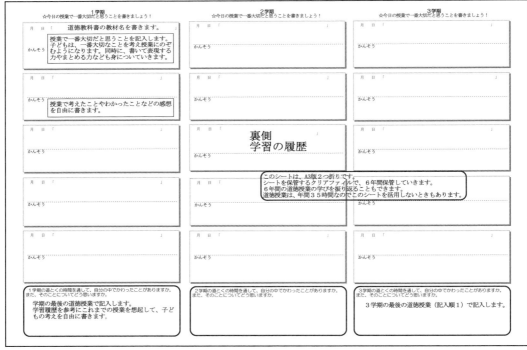

第 5 章　全校で取り組む道徳 OPPA の実践

1 年生の保護者 A の言葉

1学期	うそをつかないことは、とてもだいじなことだとおもうよ。 しゅうくんに、やさしくしてもらったともだちはきっとうれしかったね。 やさしいきもちも、ともだちも、ずっとたいせつにしてね。
2学期	大きなこえであいさつをすると気もちがいいね。 ともだちやかぞくだけではなく、きんじょの人やみちであった人にもあいさつをすると みんなの気もちがぽっかぽかになるね。ぜひ、うちのあいさつリーダーになってね。
3学期	ともだちとなかよくするには、けんかをしないだけじゃなくて、こえをかけたり ともだちのちゅういをきくこともたいせつなんだね。とてもだいじなことに きがついてすごいね。いもうとにもやさしくしてくれてありがとう。

3 年生の保護者 B の言葉

1学期	自分の気持ちを言葉にすることの大切さに気づいたら、みんなの気持ち も考えてみようね。やさしくしてもらったら自分もやさしくしてあげましょう。
2学期	本当の事を正直に言うことの大事さに気がついたね。本当の事を言うのに 勇気がいることもあるけれど、勇気を出して自分が出来る事をしっかりとやってみよう！
3学期	相手の立場になって考えることはとても大事なことだね。この気持ちは大人に なってからもずっと持ち続けていこうね。大切なことに気づけて成長したね。

5 年生の保護者 C の言葉

1学期	自分で考えて行動することは、自分の好き勝手にすることとは違うから、難しいね。 自分のことも周りの人のことも、思いやれるといいですね。
2学期	思い通りにいかないことって、たくさんあるよね。その時にどうするか？ 考え方ひとつでポジティブにもネガティブにもなるから、よく考えましょうね。
3学期	自分→家族→友達と世界が広がっていくと、心が豊かになれそうですね。 お母さんも、"アルソミトラ"が見てみたくなりました。

　保護者からの言葉を毎年大切に綴って保管しておき、時折子どもに振り返らせることで、保護者の気持ちを理解し、家族としての絆を感じ取ってくれたらと願う。

　p. 132 に示した学校便りは、1 学期に保護者よりいただいた言葉を紹介したものである。2 学期も同様に、子どもたちへの心に響く言葉かけを願って発刊した。

註
1　中國昭彦・堀　哲夫「OPP シートを利用した総合的な学習の時間における資質・能力の育成に関する研究：伝統文化の継承『私たちの祇園祭を伝えよう』を事例にして」山梨大学教育学部附属教育実践研究指導センター『教育実践学研究』vol. 15, pp. 1–19, 2010

2　中國昭彦・堀　哲夫「自らの成長を実感させる道徳授業の実践：OPP シートを活用した複数時間の関連を図った指導を通して」山梨大学教育学部附属教育実践研究指導センター『教育実践学研究』vol.

16, pp. 8-21, 2011
3 中國昭彦・堀 哲夫「OPPA の汎用性に関する研究―附属小学校校内研究の推進を中心として―」山梨大学教育人間科学部附属教育実践総合センター『教育実践学研究』no. 22, pp. 125-142, 2017
4 授業改善の取り組みとして、確かな学力を育むために提案された甲府市独自の授業スタイル。
5 教師が慣れてきた段階で、学習履歴や学期末自己評価に対してコメントを増やしていき、最終的には自由なコメントの記入をするのが望ましい。

付録　OPPシートのテンプレート使用にあたって

(1) 学習履歴「一番大切なこと」の記入欄

　「一番大切なこと」の記入欄は、OPPAの要である。子どもの思いを自由に書きやすいよう行数を多くとるようにしている。幅が狭すぎるとタイトルのように簡潔に書こうとする児童もいるので、「一番大切なこと」の記入欄と感想欄を半々にすることを目安とした。

(2) 高学年の3学期は学習履歴5コマ

　3学期は1月中旬からスタートする。また、学期末・学年末評価にOPPシート記述を活用する場合は、2月末までにOPPシートを全て仕上げて回収したい。この間、1か月半という短い期間なので、指導計画に無理がないよう5コマとしている。

(3) 学期末自己評価及び学習前後の比較による自己評価の問いかけ

　教師が児童に問いたい内容は、「変容したところ」「変容の理由」「変容したことに対する児童の考え」である。以前は「学習前と学習後の内容を比べて、違うところがありますか。その違いは、どうしてできたと思いますか」と問いかけていたが、「変容したことに対する児童の考え」を引き出すような問いも加えることとした。

　なお、この3点の問いの内、それぞれの子どもによって、書けない内容があってもよい。

> ☆学習前と学習後の内容を比べて、違うところがありますか。…………「変容したところ」
> 　その違いは、どうしてできたと思いますか。…………………………「変容の理由」
> 　また、そのことについてどう思いますか。…………「変容したことに対する児童の考え」

(4) 1年生の1学期末自己評価の問いかけ

　1年生の1学期末に限っては、上述の3点の問いに答えるのはまだ難しいだろう。また、以前は「1がっきのどうとくのじかんをとおして、じぶんのなかでかわったことがありますか」と問いかけていたが、これでは漠然としていて1年生にうまく伝わらなかった。これらの判断に基づき、以下のような伝わりやすい表記とした。

> ☆どうとくのじかんでがくしゅうしたことをとおして、ようちえんやほいくえんのときといちねんせいのいちがっきとでかわったことがありますか。

※ p.134〜139のOPPシートは右のQRコード、もしくは以下のURLからカラー版をダウンロードできます。
　http://www.toyokan.co.jp/news/n30332.html
　圧縮ファイルを解凍する際に、パスワード ichimai と入力してください。

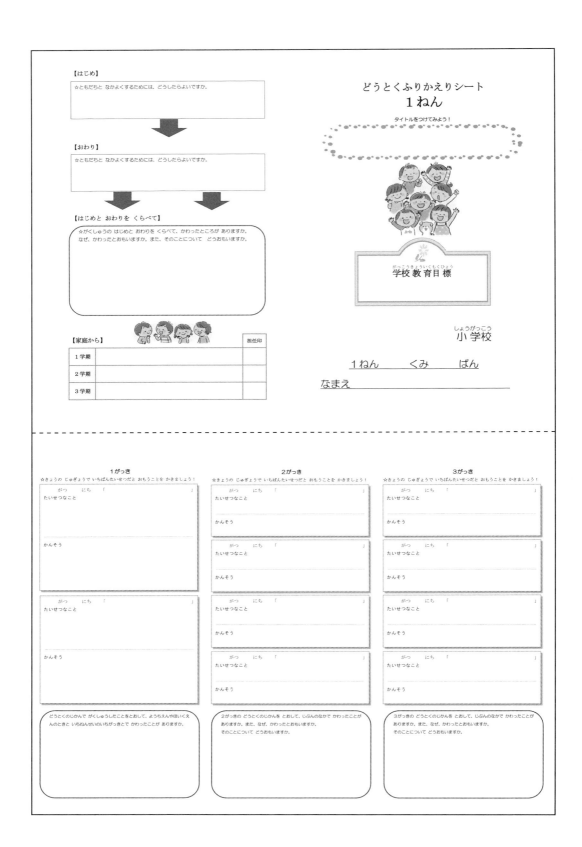

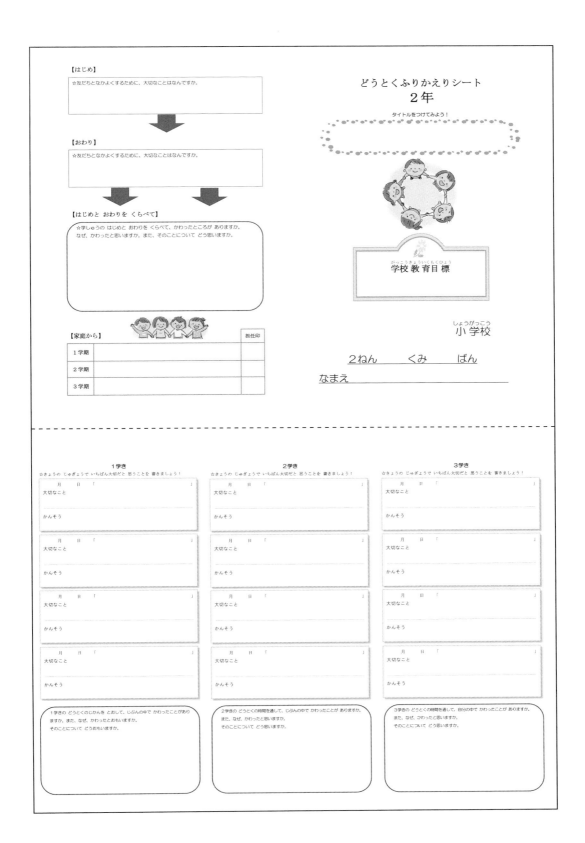

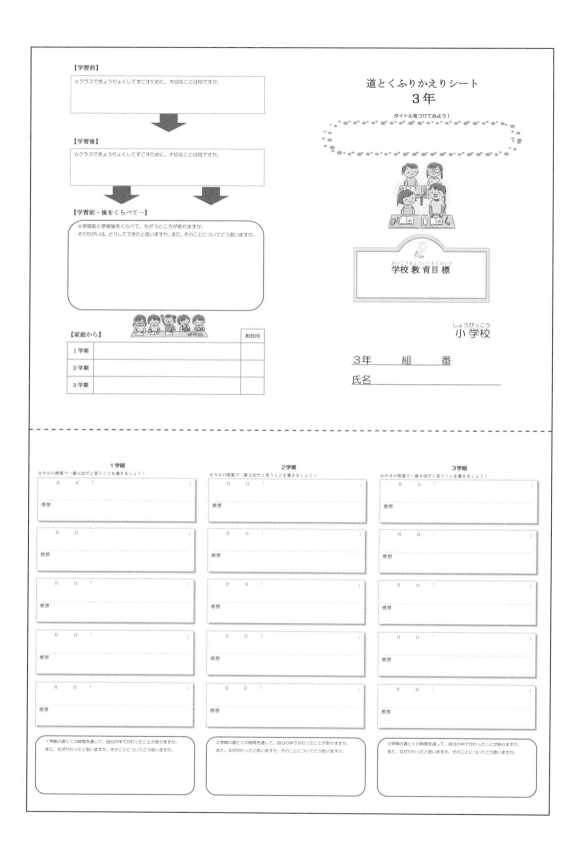

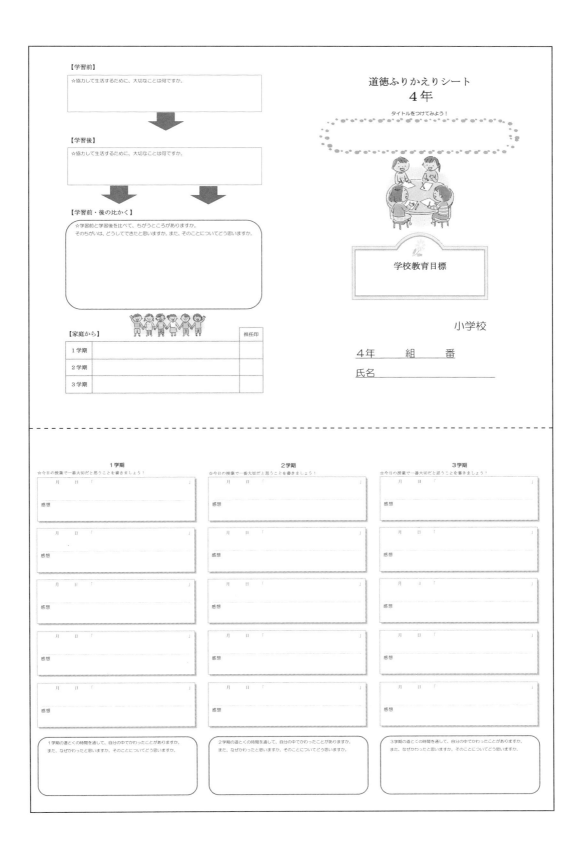

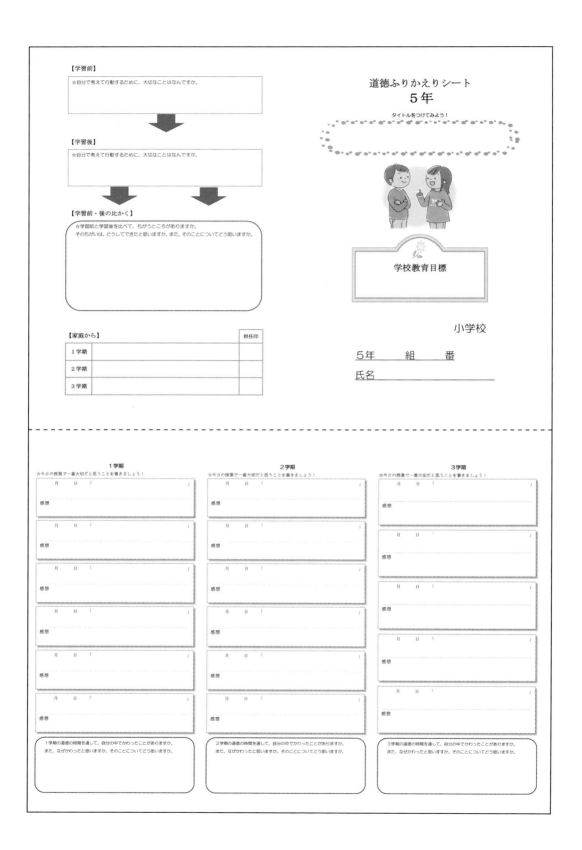

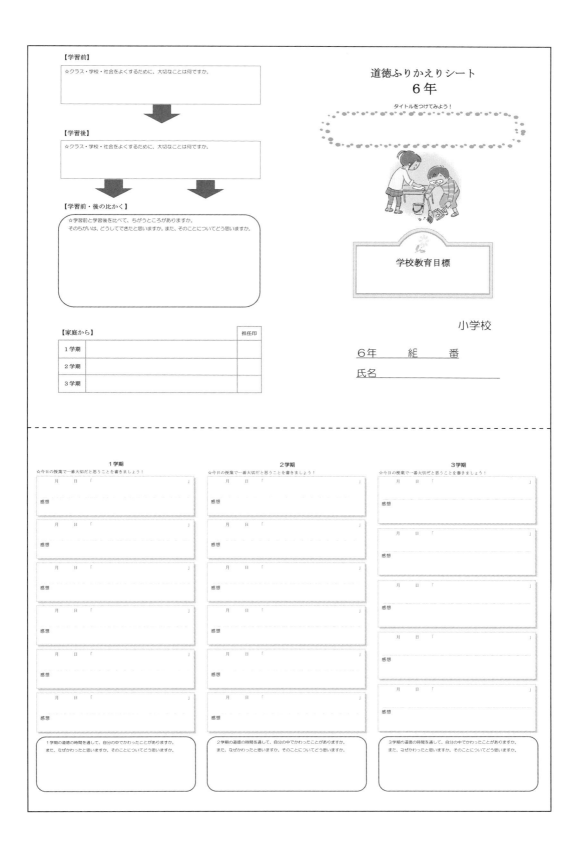

おわりに

理科5年生「物のとけ方」の単元で、限りある一枚の紙面を有効に活用するために、A3版3つ折りのOPPシートを提案してから、17年が過ぎようとしている。A3版3つ折りという発想は、当時勤務していた上野原町立四方津小学校（現上野原市立上野原西小学校）のA3版3つ折りの通知表から得たものである。

これまで、理科をはじめ、総合的な学習の時間、道徳、そして国語・社会・音楽・外国語活動・家庭科等とその汎用性の高さについて、OPPA考案者である堀哲夫先生とともに研究させていただいた。総合的な学習の時間や道徳では、OPPシートへの子どもの興味・関心を高めるために、心の扉と称した観音開きのOPPシート作成にも取り組んだ。どのような形式のOPPシートにおいても、OPPAは子どもが学ぶ意味を感得し、自らの成長を実感できるものであり、教師自身は楽しい授業・分かる授業を構築する糧とすることができた。

私はOPPA実践を積み上げるたびに、堀先生のOPPA論の奥深さを感じ、それに魅了されてきた。

教員生活最後の勤務校において、力ある先生方に恵まれる中、全職員でOPPA研究を推進できたことは、何よりもうれしかった。そして、この2年間の研究成果を一冊の本にまとめあげることができたのは、千塚小学校の先生方の道徳に対するひたむきさとOPPA研究に対する真面目さがあったからこそと感謝している。また、清水由紀子研究主任のOPPAへの理解の深さと職員への連絡・調整・確認の徹底があったからこそ、確実なOPPA実践ができたものと思っている。清水研究主任をはじめ、千塚小学校すべての先生方に心より感謝している。

しかしながら、本校研究もまだ3年目を迎えたばかりであり、年度ごとの人事異動による職員の転出入もある中で、全職員がOPPAを熟知しての実践とはなり得ていないのも事実である。また、日々、多忙極まる校務の中での研究成果ということで、本書には不十分なところもあるかと思うが、ご容赦いただきたい。ただ、道徳において、OPPAはとても有効なものであることは、本校職員全員の結論であることに間違いはない。

本年度より道徳評価がはじまっている中学校においても、OPPA活用を検討していただければと願う。

最後にこれまで、OPPA研究を支えてくださった多くの先生方、保護者の皆様、子どもたちに心より感謝申し上げたい。ありがとうございました。

令和元年6月

甲府市立千塚小学校長　中國　昭彦

編著者・執筆者紹介

堀　哲夫（ほり・てつお）…… 第1章

山梨大学名誉教授・名誉参与

1948 年愛知県生まれ。元山梨大学理事・副学長。

[主な著書]

『学びの意味を育てる理科の教育評価—指導と評価を一体化した具体的方法とその実践—』東洋館出版社、2003

『子どもの学びを育む　一枚ポートフォリオ評価　理科』（編著）日本標準、2004

『子どもの成長が教師に見える　一枚ポートフォリオ評価　小学校編』（編著）日本標準、2006

『子どもの成長が教師に見える　一枚ポートフォリオ評価　中学校編』（編著）日本標準、2006

『授業と評価をデザインする　理科』（共著）日本標準、2010

『理科授業力向上講座—よりよい授業づくりのために—』（編著）東洋館出版社、2010

『教育評価の本質を問う　一枚ポートフォリオ評価 OPPA——一枚の用紙の可能性—』東洋館出版社、2013

『自主学習ノートへの挑戦—自ら学ぶ力を育てるために—』（編著）東洋館出版社、2014

中國　昭彦（なかくに・あきひこ）…… 第3章 第4章 第5章

甲府市立千塚小学校 校長

1959 年山梨県生まれ。2017 年より現職。

2018 年度全国小学校理科研究協議会常任理事。

2018 年度山梨県小中学校理科教育研究会 会長。

[著書]

『子どもの学びを育む　一枚ポートフォリオ評価　理科』（共著）日本標準、2004

甲府市立千塚小学校 …… 第2章 第3章

1 年　矢島　優香・清水由紀子

2 年　坂本　奈穂・青木　恵子

3 年　吉村　一枝・保坂　淳也

4 年　加々美正寿・中込　成貴

5 年　岡　　　稔・鮎沢　由希

6 年　小野　達也・大久保裕子

平成 30 年度 研究同人

教　頭　伊東　勝彦
教　諭　【教務】市川　英貴・西宮孝一郎

	1組	2組	3組
1年	矢島　優香★	◎清水由紀子★	松田　真琳
2年	日向　梓 渡邊　久	坂本　奈穂★	青木　恵子★
3年	吉村　一枝★	保坂　淳也★	
4年	加々美正寿★	中込　成貴★	
5年	岡　　稔★	鮎沢　由希★	
6年	小野　達也★	大久保裕子★	
さくら	柳本　良	安達　ゆき	

養護教諭　小林　静穂
少人数指導　丸茂やすみ
司書教諭　三井　雅子
特別支援員　出月　和美
事務主査　荻原　君枝

◎研究主任

★執筆者

平成 29 年度 研究同人

教　頭　網倉　玉枝
教　諭　村松　訓・丸山　淳子・五味みゆき・大村まり子
事務主査　後藤　和子

小学校道徳科の指導＆評価
豊かな心を育む
一枚ポートフォリオ評価OPPA

2019（令和元）年 7 月 20 日　初版第 1 刷発行

編 著 者：**堀　哲夫・中國昭彦**
著　　者：**甲府市立千塚小学校**
発 行 者：**錦織圭之介**
発 行 所：**株式会社　東洋館出版社**
　　　　　〒113-0021　東京都文京区本駒込 5 丁目 16 番 7 号
　　　　　営業部　電話　03-3823-9206
　　　　　　　　　FAX　03-3823-9208
　　　　　編集部　電話　03-3823-9207
　　　　　　　　　FAX　03-3823-9209
　　　　　振　替　00180-7-96823
　　　　　U R L　http://www.toyokan.co.jp

デザイン：竹内宏和（藤原印刷株式会社）
イラスト：赤川ちかこ
印刷・製本：藤原印刷株式会社

ISBN978-4-491-03726-4　Printed in Japan

JCOPY ＜㈳出版者著作権管理機構　委託出版物＞
本書の無断複写は著作権法上での例外を除き禁じられています。複写される場合は，そのつど事前に，㈳出版者著作権管理機構（電話 03-5244-5088，FAX 03-5244-5089，e-mail: info@jcopy.or.jp）の許諾を得てください。